© 2022, Gerd Steinkoenig

Herstellung und Verlag: BoD – Books on Demand, Norderstedt

ISBN: 9783756238316

Gerd Steinkoenig

22. Juni um 20:04 ·

Mit Öffentlich geteilt

Ein Traum: "K-Tel präsentiert 25 Original Stars - 25 Original Hits! FEEL LIFE TO GERD inkl Video-Clips!"

1) Highway Star (Deep Purple, Made in Japan-Version)

2) A Man I'll Never Be (Boston)

3) Viva La Vida (Coldplay)

4) Diamonds (Rihanna)

5) Comfortably Numb (Pink Floyd, Pulse-Version)

6) School (Supertramp)

7) Mad Man Moon (Genesis)

   Master Blaster (Stevie Wonder)

9) Get Up Stand Up (For Your Right) (Bob Marley)

10) You Should Be Dancing (Bee Gees)

11) I Want Your Love (Chic)

12) Ride On (AC/DC / only Bon Scott!!)

13) Blue Jeans Blues (ZZ Top)

14) Catholic Girls (Frank Zappa)

15) Minstrel In The Gallery (Jethro Tull)

16) Private Dancer (Tina Turner)

17) The Message (Grandmaster Flash & The Furious 5)

18) Billy Jean (Michael Jackson)

19) Hammer Horror (Kate Bush)

20) A Day In The Life (The Beatles)

21) Judy Blue Eyes (Crosby Stills Nash & Young, Woodstock-Version)

22) Teardrop (Massive Attack feat Elisabeth Frasier)

23) Stairway To Heaven (Led Zeppelin, NYC 1973-Version)

24) Heartbreaker (Grand Funk Railroad)

25) 1999 (Prince)

C P GFS 22.06.2022

Gerd Steinkoenig

23. Juni um 17:38 ·

Mit Öffentlich geteilt

Unnötige Musikschule Teil 2! Diesmal die 20 Deutschen Songs! Keine Plätze, nur Running Order:

1) Bahnhofskino (BAP)

2) Fragezeichen (Nena)

3) Feuerzeug (Ideal)

4) Lovely Sunday Morning (Scorpions)

5) Spoon (Can)

6) Autobahn (Kraftwerk)

7) Cowboy Rocker (Udo Lindenberg)

   Der Spinner (Nina Hagen Band)

9) Mensch (Herbert Grönemeyer)

10) Erinnerungen (Böhse Onkelz)

11) Ein Tag am Meer (Fantastischen 4)

12) Biscaya (James Last)

13) Mein Freund der Baum ist tot (Alexandra)

14) Lieb Vaterland magst ruhig sein (Udo Jürgens)

15) Der Tankerkönig (Hannes Wader)

16) Willy (Konstantin Wecker)

17) Zu spät (Die Ärzte)

18) Tanz den Mussolini (D.A.F.)

19) Maria Magdalena (Sandra)

20) Sunny (Boney M)

C P 23.06.22 by GFS

Gerd Steinkoenig

23. Juni um 22:57 ·

Mit Öffentlich geteilt

Zeitverschwendung Musikunterricht Teil 3 - diesmal 30 Alben, Gerd-Version 2022!

Ich hatte 2017 in meiner Alzey-Klinik 30 Lebensalben kreiert (siehe mein ISBN-Buch Nr 8 DANACH und mein no isbn-Buch Rust Never Sleeps). Wie auch bei Teil 1 und 2 und hier immer nur EINE Band/Künstler! Und wieder keine Plätze, nur Running Order:

1) Seconds Out (Genesis 1977, Live)

2) "Weiße Album" (The Beatles 1968)

3) The Joshua Tree (U 2)

4) Hotel California (Eagles)

5) Brothers In Arms (Dire Straits)

6) Ghost In The Machine (The Police)

7) Aqualung (Jethro Tull)

   The Dark Side Of The Moon (Pink Floyd 1973)

9) Untitled (Led Zeppelin 1971)

10) Ballhaus Pompös (Udo Lindenberg)

11) I (Nina Hagen Band)

12) Yessongs (Yes, Live)

13) Watch (Manfred Manns Earthband)

14) Use Your Illussion I & II (Guns N Roses)

15) Made in Japan (Deep Purple)

16) Sweet Fanny Adams (Sweet)

17) Stimme der Sehnsucht (Alexandra)

18) Whats Going On (Marvin Gaye)

19) The First Time (Grandmaster Flash & The Furious 5)

20) Like A Prayer (Madonna)

21) Harvest (Neil Young)

22) Heroes (David Bowie)

23) Master Of Puppets (Metallica)

24) Hounds Of Love (Kate Bush)

25) Diamond Life (Sade)

26) Black Celebration (Depeche Mode)

27) Hair Of The Dog (Nazareth)

28) Black and Blue (Rolling Stones)

29) Rumours (Fleetwood Mac)

30) IV (Toto)

Es sind viele Alben von 2017 dabei... Es sind eben Lebensalben... Und "Neues" auch... Durch Teil 1 & 2 sind 45 Songs dabei - kein Dire Straits, kein Police, dafür Massive Attack oder Ideal "nur" bei den Songs...

C P 23.06.22 22:57h by Gerd Steinkoenig

Gerd Steinkoenig

24. Juni um 20:53 ·

Mit Öffentlich geteilt

Songtext oder so! Wer hat dementsprechende Melodie?

AUßEN VOR

Hätte tolle Themen

Hätte tolle Dialoge

Aber hier nur Ich-Menschen

Ich bin außen vor, außen vor

Hätte neue Gemeinschaften

Hätte neue Orte

Mit Neugier, Lebensfreude

Ich bin außen vor, außen vor

Hätte gute "Ich liebe mich"

Hätte Horizonte, Kreativitäten

Aber mit Handicap, Sensiblität

Ich bin außen vor, außen vor

Ich-Menschen mit Life-Mainstream

Daher

Ich bin außen vor, außen vor

Außen vor, Außen vor

C P 24.06.2022 Gerd Steinkoenig

Gerd Steinkoenig

25. Juni um 12:33 ·

Mit Öffentlich geteilt

Mein Songtext Teil 2 - wer hat eine Melodie?

DEKADENZ DER SELBSTHERRLICHKEIT

Menschen aller Art

Egal welches Jahrzehnt

Egal welches Land

Egal ob Wald, Tal, Wüste

Dekadenz der Selbstherrlichkeit

Dekadenz, Dekadenz

Menschen aller Art

Egal welches Geld

Egal welche Natur

Egal welche Finanzen

Dekadenz der Selbstherrlichkeit

Dekadenz, Dekadenz

Menschen aller Art

Egal welcher Krieg

Egal welche Propaganda

Egal welche Tote

Dekadenz der Selbstherrlichkeit

Dekadenz, Dekadenz

C P 25.06.2022 Gerd Steinkoenig

Gerd Steinkoenig

26. Juni um 18:31 ·

Mit Deine Freunde geteilt

MY LIFE 2014 - 2022 - diesmal Hip Hop ala "Tankerkönig" von Hannes Wader... Ich brauch nur einen Acoustic-Gitarren-Mensch... (mein 3. Songtext...)

Sommersonnenwende 2014, viel Enthusiasmus mit chatten, träumen, der sofortige Draht zu IHR

Sie war sofort meine Göttin und es war Freiheit, Sonne, Glück, Liebe

Sie in der Südpfalz, ich in K-Town

1 Woche später das 7:1 von Deutschland in Brasilien gegen Brasilien

Ach so wegen der Fußball-Legasteniker: es war das WM 2014-Halbfinale

Ich? Kein Glück! Nur Tränen - die Göttin machte einfach bääätsch...

Wir erzählten und wir waren immer noch da und das Mega-2014 wurde Mega-2014

Im Dezember 2014 hatte sie sich befreit und ab in die Schweiz

Ich selbst hatte meine Befreiung - weg von dem versifften K-Town

Ich hatte mich selbst belogen - Liebe macht blind und naiv

Aber trotzdem meinte ich: ab in mein Paradies in meiner Südpfalz

Vielleicht nur noch ein Zweckbündnis, trotzdem auch 2015

Mein Umzug aus der K-Town-Hölle nach dem Paradies Südpfalz

2015, 2016 waren SIE (und ihr Freund), Freunde/Kumpels, ich, war wirklich gut

Neugierde, Lebensfreude, Lebenspläne, Neuleben, Enthusiasmus

Und einen Job auch und sogar mein 3. Beruf gelernt

Januar 2017 war Champions League, mein Höhepunkt Nr 1

Mein richtiger Seniorenbetreuer-Job mit richtigem Vertrag

Mein 1. ISBN-Buch geschrieben

Mehr Geld dann auch noch

Freunde/Kumpels und SIE (und ihr Freund) und ich hatten sich gefreut

Dann kam die Kehrseite der Medaille

Im Februar 2017 ging mein Vater in die nächste Lebensdimension

Im März 2017 Rausschmiss durch "Dallas"-Intrige

Schwierigkeiten mit der Knete, Jobcenter, Verarschung

Warum? Wieso? Sag ich nicht, ist am Besten

Der Kluge gibt nach...

Ich hatte Sauerstoffmangel in meinem Gehirn, von dem ich nichts wusste

So langsam hatten SIE und ich Befremdlichkeiten

Im September 2017 hatte ich meinen Schlaganfall und ich hatte ein neues Leben

Klinikstadt mit ÄrztInnen, PflegerInnen, TherapeutInnen

Sofort kein Alkohol, kein Rauch und meine "Geburt" mit meiner Physiotherapeutin

Den Ball einfach in meine Fresse

Dann war ich wach und wieder sofort selbstheilen mit laufen, schreiben, reden

Und meine "Queen" (eine Mitpatientin für ca 2 Wochen)! Der geilste Abend mit uns am 9. November

Am 10. November ging ich weg zur nächsten und letzten Klinik

Leider hatte ich meine Queen nie mehr gesehen, sehr schade

Aber für immer diese göttliche Zeitoase

SIE holte mich in der letzten Klinik ab

Ich umarmte sie und hatte einen Eisklotz

Sie war eine Göttin und wurde eine Teufelin

Ich könnte ja noch sagen, aber ich mach nix, nur noch lachen

2018, 2019 dachte ich: bin ich ein Kind vom Staat?

Ich hab "nur" Schlaganfall und die befehlen mir, was ich machen soll?

Seit 2020/21 gings besser und immer Entwicklungen, Fortschritte

Aber immer noch, was vor Tagen meine Lyrik auf fb meinte:

AUßEN VOR! AUßEN VOR....

C P 26.06.2022 Gerd Steinkoenig

Gerd Steinkoenig

21 Std. ·

Mit Deine Freunde geteilt

THE STORY OF ROCK im Jahr 2089 über die Rock (und Pop) Musik aus dem 20. Jahrhundert!

VON ELVIS BIS WOKE... C P 27.06.2022 Gerd Steinkoenig

Blues? Jazz? Vielleicht noch Muddy Waters und Miles Davis - aber nur die Insider...

Vielleicht dann eben (Mainstream!) Louis Armstrong...

Swing womöglich Glenn Miller, Frank Sinatra...

Oder man kennt von Sinatra nur "My Way" - ääh Mainstream...

Natürlich Elvis Presley beim Rock n Roll-Urknall...

Aber DER Rock n Roll-Komponist Chuck Berry kennt dann keine Sau...

Natürlich The Beatles - DAS Musikkunstwerk...

Aber wiederum: Wer kennt 2089 Happiness Is A Warm Gun?

Und wieder Mainstream: Yesterday, Hey Jude...

Wäre ja schön, wenn DER Beatles-Song noch da wäre im Jahr 2089:

A Day In The Life!!

Tja, welche Alcorythmen sind 2089 noch da?

Vielleicht sind die Rolling Stones spurlos verschwunden...

Vielleicht ist Michael Jackson spurlos verschwunden...

Wegen Political Correctness, Woke, blabla...

Ist Demokratie 2089 noch da...

Wäre ja gut, auch für die Musikhistory...

Gibts noch 2089 ein Radio nur vom 20 Jahrhundert?

Darf man 2089 Metal, Punk, Reggae nicht hören?

Kann ja sein...

Wenn eine weiße Frau Reaggae singt...

Oh weh... Schon 2022... Wegen Woke...

Vielfalt in der Rock- und Popmusik schon immer seit 1955...

Von Little Richard bis Elton John...

Von Aretha Franklin bis Madonna...

Von Jimi Hendrix bis Guns N Roses, Pink Floyd, Genesis, Rihanna...

Aber durch Political Correctness, Woke, Meinungsdiktatur, ääh Mainstream...

2022 ist es unmöglich, was Led Zeppelin 1973 live veranstalteten...

Ich sag nur: Live-DVD The Song Remains The Same...

Gerd Steinkoenig mit Ch Kr und

20 weiteren Personen

12 Std. ·

Mit Deine Freunde und Freunde aller markierten Personen geteilt

KÖNIG DER ERDE

Raumschiff Erde braucht einen Captain

Um Gottes Willen kein Mensch

Am Besten ein Löwe, ein Wolf, ein Wal

C P 27.06.2022 23:51h Gerd Steinkoenig

Gerd Steinkoenig C P 28.06.22

1 Std. ·

Mit Deine Freunde geteilt

Songwriter/Beobachter für US-BürgerInnen: Bob Dylan, The Boss Springsteen, Neil Young, Bob Seger, Tom Waits - heute NICHTS... Klar, heute ist immer noch ne CD von Springsteen oder Young, aber in den USA ist ein gefühlter Bürgerkrieg, Trump2024-Jünger vs normale US-BürgerInnen, Trump2024-Jünger vs Demokratie!!

ECLIPSED JUNI 2022, 5 FOTOS

Ich konnte nicht der einzige gesunde Mensch in diesem Irrenhaus sein.

Robert Fripp über die
Kommerzialisierung der
Rockmusik in den 1970er-Jahren

Robert Fripp 1978
(Foto: Bobby Grossman)

> **Mein Vorschlag war, dass Ian McDonald zur Band zurückkehren und Steve Hackett als Gitarrist einsteigen sollte.**
>
> Robert Fripp über eine mögliche Umbesetzung bei King Crimson nach seinem Ausstieg 1974

Paul McCartney mit seiner Frau Linda 1972 (Foto: H. Diltz)

Paul McCartney 2005 (Foto: Warner)

Statements und Anekdoten zu Paul McCartney von ...

STEVEN WILSON (PORCUPINE TREE):

„Leider habe ich ihn nie getroffen, würde es aber gerne. Wer so eine wilde Zeit wie die mit den Beatles überlebt hat, auch a Solist viele starke Momente hatte und im hohen Alter noch so produktiv ist, der verdient uneingeschränkten Respekt."

BONO (U2):

„Mein bester Moment mit Paul McCartney war der Tag vor unserem gemeinsamen Auftritt bei ‚Live 8'. Da hat er mich am Flughafen Liverpool abgeholt, um alles zu besprechen. Doch daraus ist dann eine fünfstündige Stadtrundfahrt mit Besuch bei alten Freunden und in seinem Lieb-lingsrestaurant geworden. Er ist zwar gefahren wie ein Henker, aber er ist ein herzensguter Mensch."

JEFF LYNNE (ELO):

„Sein Album ‚Flaming Pie' produzieren zu dürfen, war für mich wie ein Ritterschlag – die höchste Auszeichnung, die man als Musiker erhalten kann. Er ist ein großartiger Sänger, Songwriter und Multiinstrumentalist, ein Meister seines Fachs."

OZZY OSBOURNE:

Momente voller
musst aber einen
für haben, diese
ch zu bemerken,
en habe ich.

...tney über sein Leben ...eine Karriere

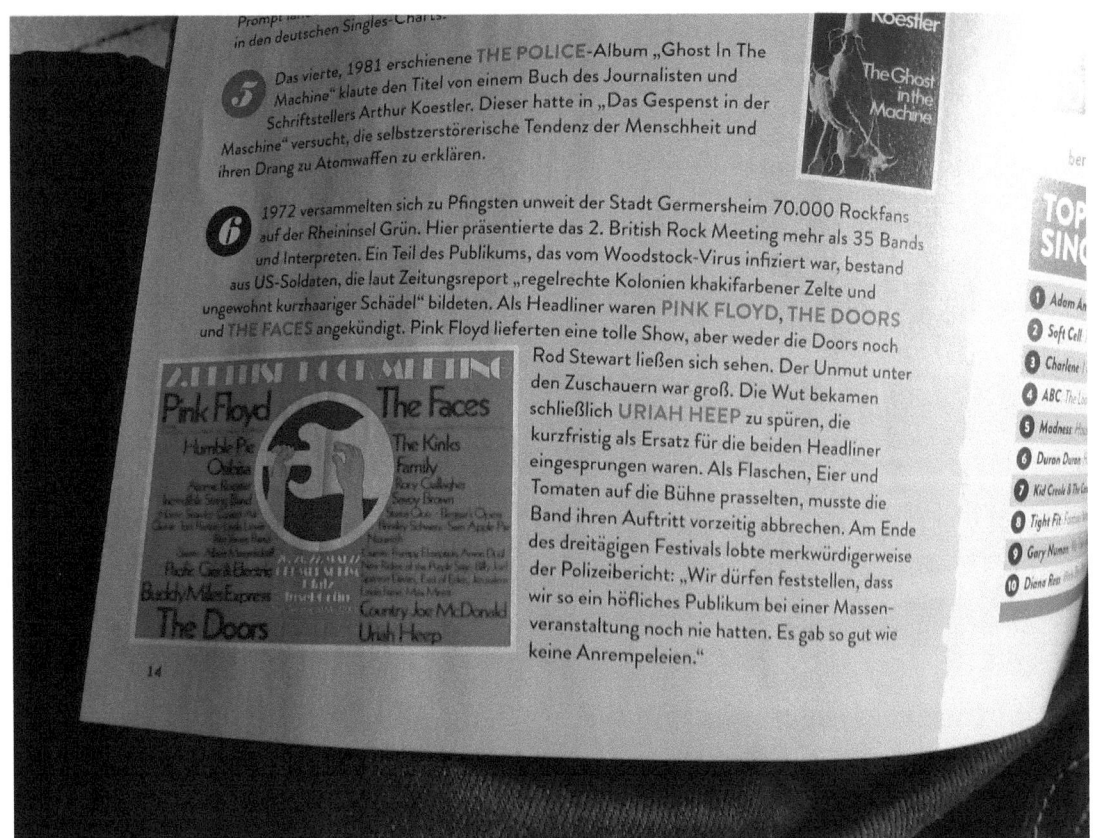

Pink Floyd in Germersheim, in meiner Pfalz!! 1972 hatte ich da natürlich keine Ahnung...
Und die Eclipsed-News das King Crimson-Master Robert Fripp 1974 den damaligen Genesis-Gittaristen Steve Hackett zu King Crimson holen wollte... Ach übrigens: ich hab meine "Vitrine-CD-Sammlung" ausgeufert - noch mehr. Und wie bei meinen 2 "Zeit ist los"-Büchern stand, auch hier: mehr Ordnung: und ich hatte Leute, wo ich gar nicht wusste, das ich dies und das habe!! Ich meinte, ich hätte eine Porcupine Tree-CD, und siehe da beim ordnen: ich habe DREI Porcupine Tree-CDs! Juhuu!!!!

Gerd Steinkoenig

1 Std. ·

Mit Deine Freunde geteilt

DON'T LOOK BACK (4. Songtext, wer hat eine Melodie dazu?)

C P Gerd Steinkoenig 29.06.2022

Es ist nun mal so mit meinen Erinnerungen

Doch Vergangenheit lernt die Gegenwart für meine Zukunft

Immer wieder Erinnerungs-Spots - weiß nur noch ich...

Don't Look Back, Rust Never Sleeps

Schöne Erinnerungen mit meiner Queen

Doro P., Anne P., Marina B., Guiseppa A....

Kein Don't Look Back für lächelnde Vergangenheit

Ich möchte nur meine positive Energie zelebrieren

Also keine scheiß Drecksmemories und Traumas

Kein scheiß 1990er zwischen 1993 bis 1997

Don't Look Back, Rust Never Sleeps

Don't Look Back, Rust Never Sleeps

10 Leben durfte ich schon leben

100000 Erinnerungsfacetten aus allen Jahren seit 1959

Enttäuschungen durch Menschen wie "Mrs P", A.W., S.P...

10 Leben durfte ich schon leben

Tolle, vertrauliche Menschen im 20. Jahrhundert

Im 21. Jahrhundert sind Menschen nur noch Mainstream-Roboter

Don't Look Back in Anger

Don't Look Back In Anger

Und ich sage Positive Future

Trotz WW III (iss ja so - zumindest wirtschaftlich)

Trotz Meinungsdiktatur, Propagandakrieg

Denn ich hab mein sonniges Gemüt, starker Geist

Erinnerungen an meine Eltern, meine Städte, meine Konzerte

Aber ob positiv oder negativ:

Don't Look Back, Rust Never Sleeps

Don't Look Back

Don't Look Back

Don't Look Back, Rust Never Sleeps

Messenger von Ba. v. L. und mir von

Don't Look Back, Rust Never Sleeps (ein schöner Dialog)

Danke, da müsste man vielleicht noch ein wenig feilen.....

11:04

Kommt natürlich auch auf die Musik dazu an, da muss geschaut werden, welche Stelle vielleicht zu lang ist

Ich werde nie eine Melodie haben, lach... Dadurch hab ich aber einen roten Faden, die Lyrics zu straffen, oder ein typischer Refrain... Ich hatte eine Idee ein Buch zu schreiben, mit dem Thema Musik, aber trotzdem vom Leben - wie üblich bei einem Rocktext... Mal sehen...

Das ist eine gute Idee, ich könnte mir auch vorstellen, dass die einzelnen Kapitel Titel von Rocktiteln haben, die immer wieder in den Kapitel zitiert werden und dessen Inhalt zu dem Refrain passt. Dann ist man beim Schreiben nicht so auf den Satzbau und die Kürze angewiesen, sondern kann einfach Prosa schreiben.

11:30

Wäre auch eine Idee... Passend mit Rocktitel hab ich noch gar nicht gemacht! Bei diesem Text ging es um diese "Synapsen" von "meiner" Klinik Alzey... Dann trotzdem hatte ich bemerkt: Don't Look Back (Peter Tosh feat Mick Jagger), Rust Never Sleeps (LP Neil Young

1979)...

Ich hab Zeit... Eigentlich wollte ich gar nichts mehr schreiben... In den nächsten Wochen kommt mein "letztes" Buch von meinen 2 Pseudonymen Beatrice Farber (Zeitläuferin aus dem All) und Michelle Connery (meine alte Seele) mit Best of-Ausschnitten und diversen Dialogen zwischen Beatrice und Michelle...

Warum 2? Mit Beatrice hatte ich schon 3 Bücher geschrieben, mit Michelle 1 Buch... Und es sollte ja mein letztes Buch sein... Eine Art Running Gag...

Dann sehe es doch einfach als Tagebuch an, das du schreibst, wenn du Lust hast. Um deine Geschichte, die von der Musik geprägt wurde zu erzählen. Du musst es ja nicht veröffentlichen, es ist einfach Dein Ding

Du hast recht! Im Endeffekt sind viele Bücher Tagebücher oder Momentums oder bestimmte Themen (und trotzdem der bestimmte rote Faden). Ich meine jedesmal, das wars, damit ich einen Bücher-Überblick habe. Aufeinmal wieder Inspirationen... Vielen Dank mit Deiner Aussage "es ist einfach Dein Ding"! Ich weiß ja nicht, wenn ich mehr Beschäftigungen hätte, mehr Abwechslungen.... Aber Gott sei Dank hab ich Kreativitäten - andererseits hätte ich ohne Bücher gute Abwechslungen mit mehr Gemeinschaften, Gemeinsamkeiten oder meine "zukünftige Frau"...

12:03

Ach was, wenn du mehr Beschäftigung hättest, dann wüsstest du auch nicht, ob du glücklicher wärst. Und mehr Gemeinschaft kannst du ja immer haben, wenn du wirklich willst. Andererseits ist es auch toll, wenn du dich immer wieder auseinandersetzt mit deinen Ideen und Gefühlen. Und die Frauen lernst du vielleicht auch kennen, wenn du einfach mal wieder draußen fotografierst und unterwegs bist.

Das mache ich natürlich - erst gestern... Im Endeffekt ist es wie bei meinem Songtext "Außen vor"... Aber ich kriegs hin, das ich meinen Plan und mein Ziel verwirkliche!

AUSWAHL VON MEINEN CDs - NUR EIN PAAR... NUR 17 FOTOS... (30. Juni 2022)

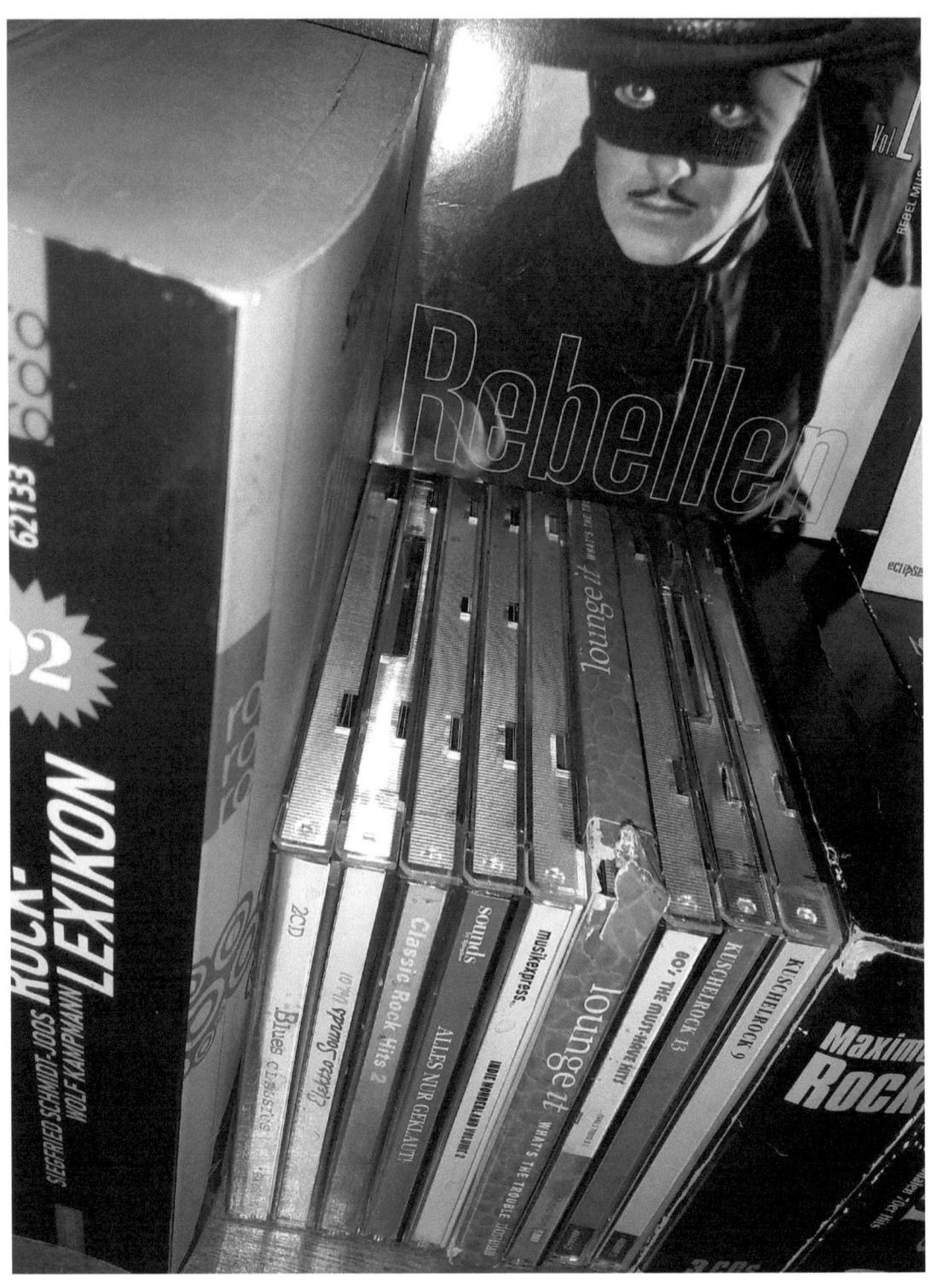

Gerd Steinkoenig

22 Min. ·

Mit Deine Freunde geteilt

2022 (5. Songtext, wo ist mein Komponist...)

C P Gerd Steinkoenig 01. Juli 2022

Vor 35 Jahren, 1987, Genesis Open Air Konzert in Monnem

Vor 53 Jahren, 1969, 1. Mondlandung, Woodstock, Willy Brandt

2022, 2022, Zombies des 21. Jahrhunderts

Vor 42 Jahren, 1980, Wahlkrieg Schmidt vs Strauß

Vor 24 Jahren, 1998, Schröder besiegt Kohl

2022, 2022, Zombies des 21. Jahrhunderts

Vor 50 Jahren, 1972, Olympia-Attentat in München

Vor 05 Jahren, 2017, mein neues, positives Leben

2022, 2022, Zombies des 21. Jahrhunderts

2022, 2022, trotz den Zombies hab ich Positive Vibrations

Messenger mit Be. Pr. über 80er Konzerte und das aktuelle PF-Cover-Konzert

Fr, 00:13

DUUUU bist natürlich da, moi süßes Monnemer Määädsche 🖤🖤

Ja war auf Pink floyd Cover Konzert war so Super

Ich weiß, die Ausralian PF Show ist mit Abstand die Beste! Es gibt sogar eigene Albenmit eigenen Songs! Wie gesagt, 1988 im Original auf dem Maimarktgelände

🖤

War ich auch

Wir waren 1988 zusammen!!!! Vielleicht waren wir nur 3 Meter entfernt, lach... PF haben zu früh angefangen. Wir waren gerade Richtung Platz und Shine on your crazy diamond ertönt... Und Zivilbullen wegen Haschisch und so waren auch da... Mehrere Zuschauer haben es gleich zu uns gesagt...

Es war Pink Floyd... Es war 1988... Logisch, hahaha... 1987 der gleiche Platz mit Genesis! Diesmal mit Haschisch, lach...

War ich auch

Woooow! Wir haben echt Gemeinsamkeiten! Mein Genesis-Traum: endlich wieder Progrock mit Supper's Ready, Firfth of Fifth, The Musical Box etc mit Peter Gabriel, Steve Hackett...

Genau

Hach, moi Monnemer Määdsche 🖤🖤🖤🖤 Komm, wir hören Genesis...

Oh sehr schön

Fr, 21:41

Wir können zusammen hören   R-Kive ist eine Genesis-Chronologie plus Solohits, 3 CD-Box. Von 1970 bis in die 2000er... Trotz 3 CDs fehlen leider gute Songs von Genesis - plus Solosongs (auch da fehlt zB Songs von der CD So von Gabriel.) Trotzdem: echt geil von der Chronologie. Bei Genesis: von The Knife 1970 bis Calling All Stations 1997... Und bei den Solos: von Solsbury Hill bis In The Air Tonight...

FACEBOOK-SEQUENZEN IM JUNI 2022 MIT NEWS FEEDS UND FOTOALBEN (DAS BIN ICH!)

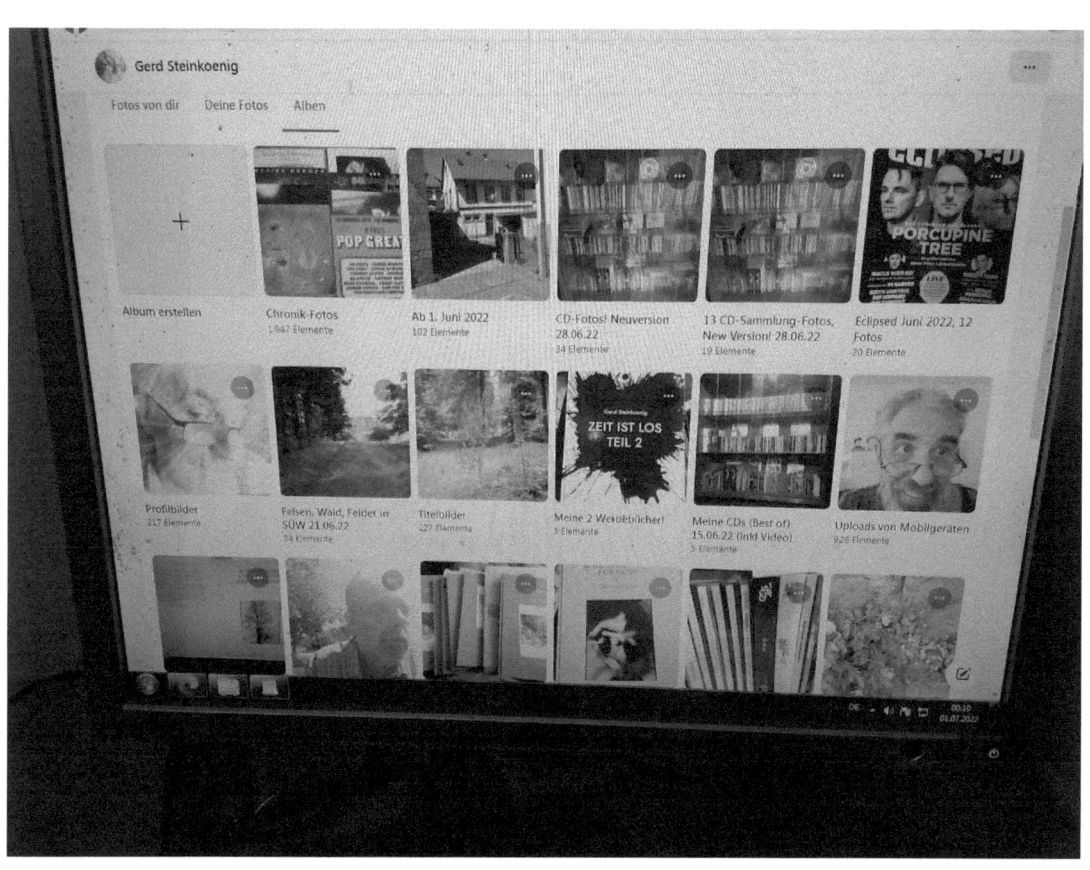

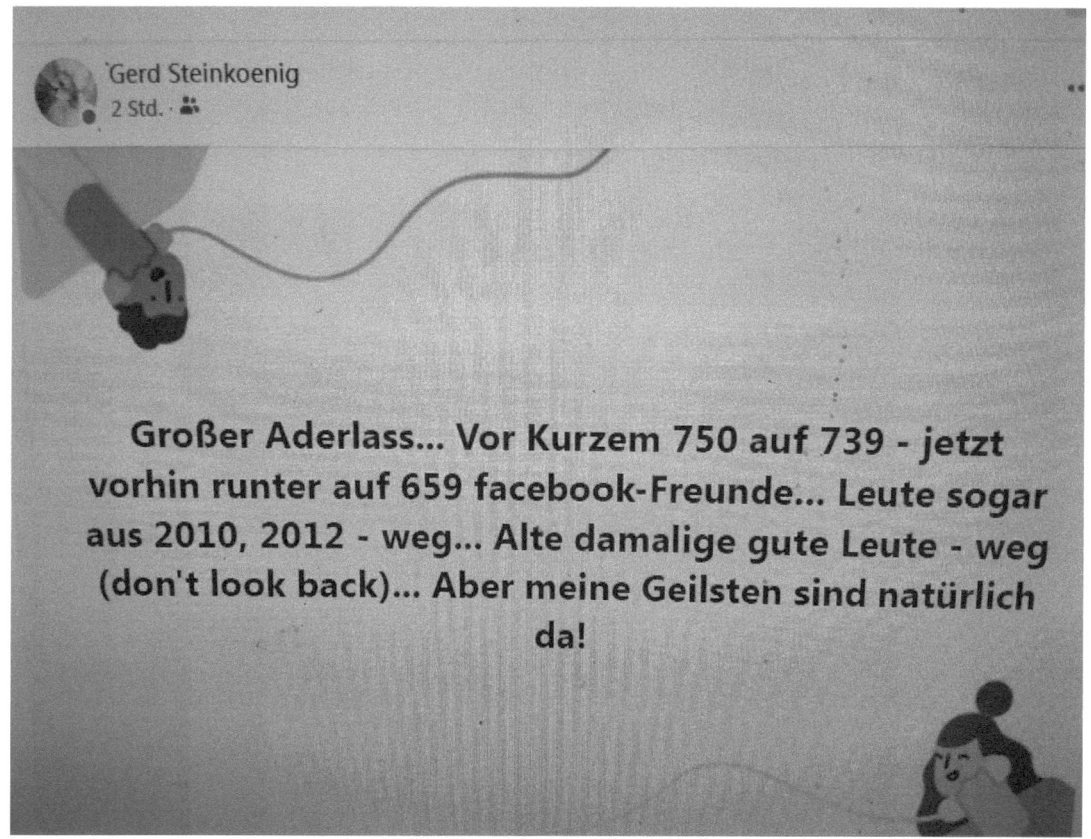

Großer Aderlass... Vor Kurzem 750 auf 739 - jetzt vorhin runter auf 659 facebook-Freunde... Leute sogar aus 2010, 2012 - weg... Alte damalige gute Leute - weg (don't look back)... Aber meine Geilsten sind natürlich da!

Das unterschätzeste Album von Pink Floyd: Animals (1977)

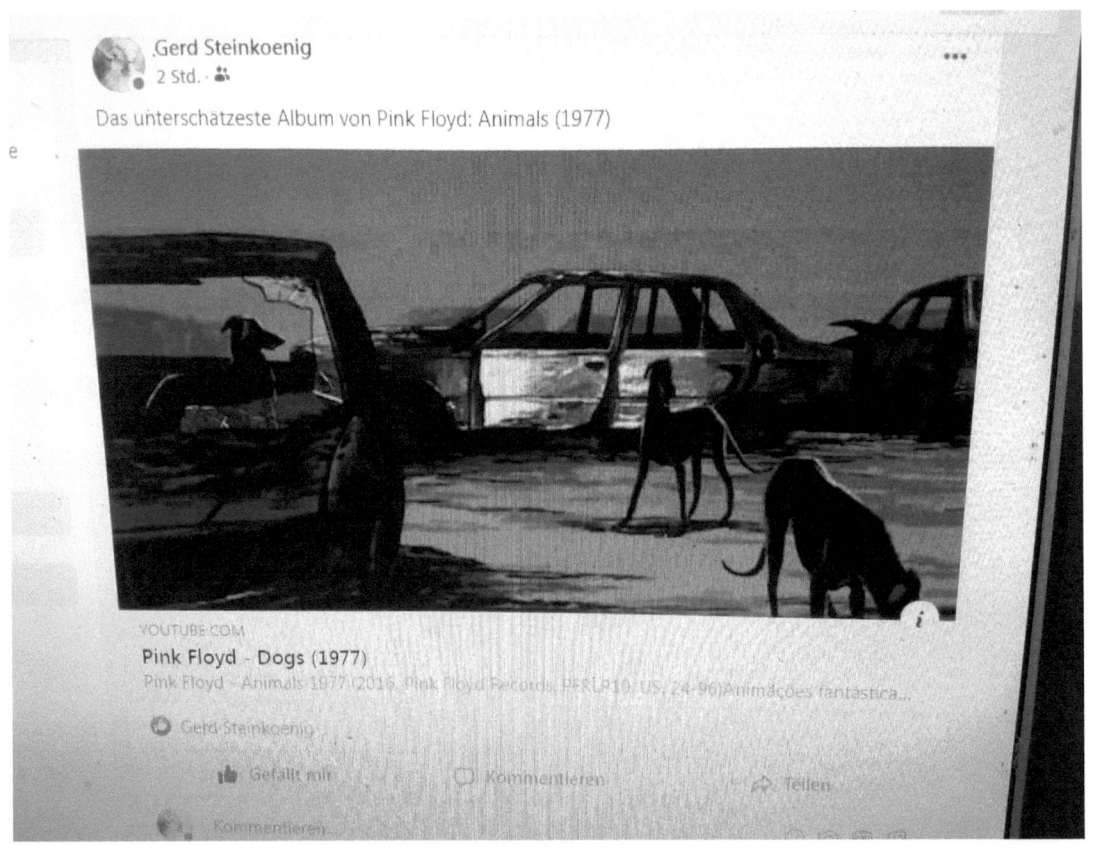

YOUTUBE.COM
Pink Floyd - Dogs (1977)
Pink Floyd – Animals 1977 (2016, Pink Floyd Records, PFRLP10, US, 24-96)Animações fantástica...

👍 Gefällt mir   💬 Kommentieren   ↪ Teilen

Kommentieren

Gerd Steinkoenig
29. Juni um 21:04 · 👥

...

Van Gogh im Louvre durch Doctor Who... Wow-Effekt...

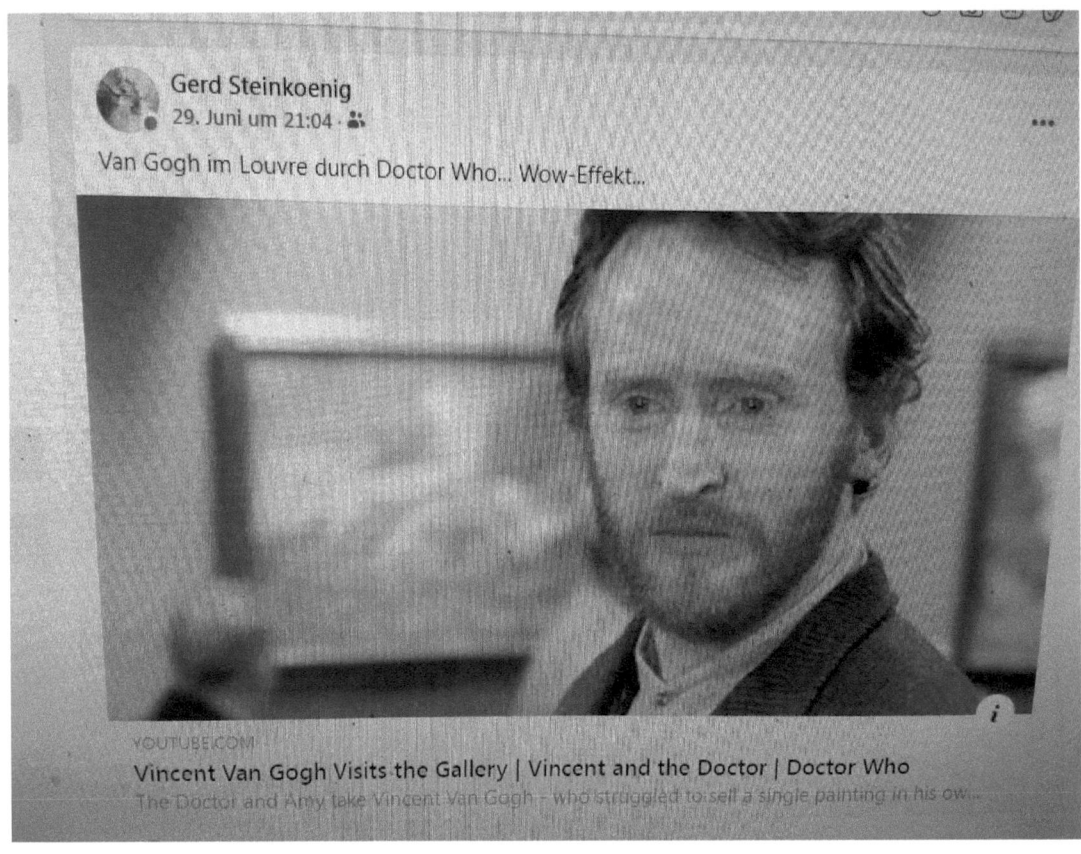

YOUTUBE.COM
Vincent Van Gogh Visits the Gallery | Vincent and the Doctor | Doctor Who
The Doctor and Amy take Vincent Van Gogh – who struggled to sell a single painting in his ow...

Kommentieren ...

Gerd Steinkoenig hat eine Erinnerung geteilt.
29. Juni um 20:47 · 👥

So ist es!

Vor 5 Jahren
Deine Erinnerungen anzeigen ›

Gerd Steinkoenig
29. Juni 2017 · 🌐

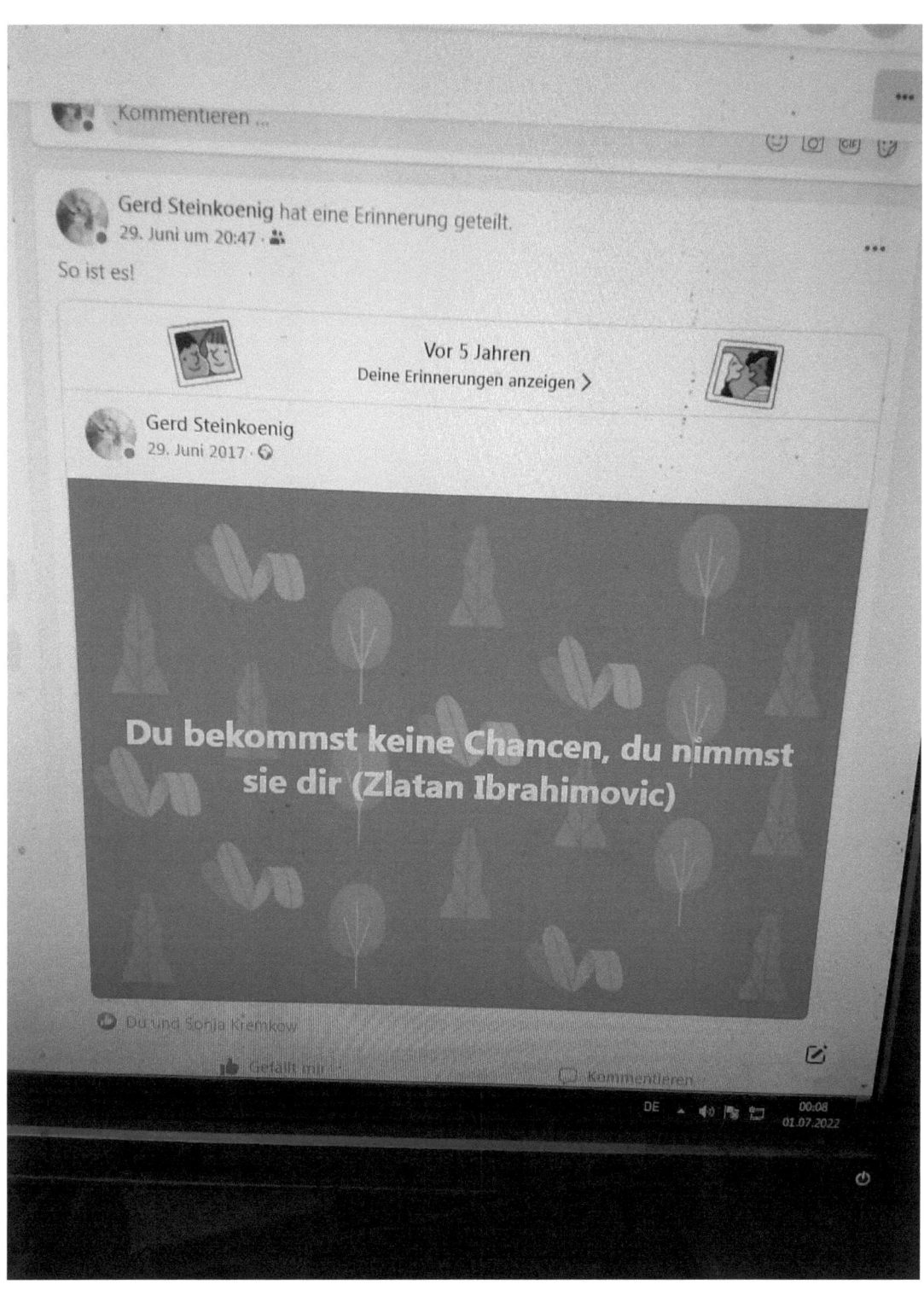

Du bekommst keine Chancen, du nimmst sie dir (Zlatan Ibrahimovic)

Du und Sonja Kremkow

👍 Gefällt mir   💬 Kommentieren

DE ▲ 🔊 📋 🔤   00:08
01.07.2022

Kommentieren ...

Album **Ab 1. Juni 2022**

Gerd Steinkoenig hat 17 Fotos und 1 Video hinzugefügt.
29. Juni um 16:32 · 🌐

· · ·

Plus Video! Annweiler am Trifels 29.06.22

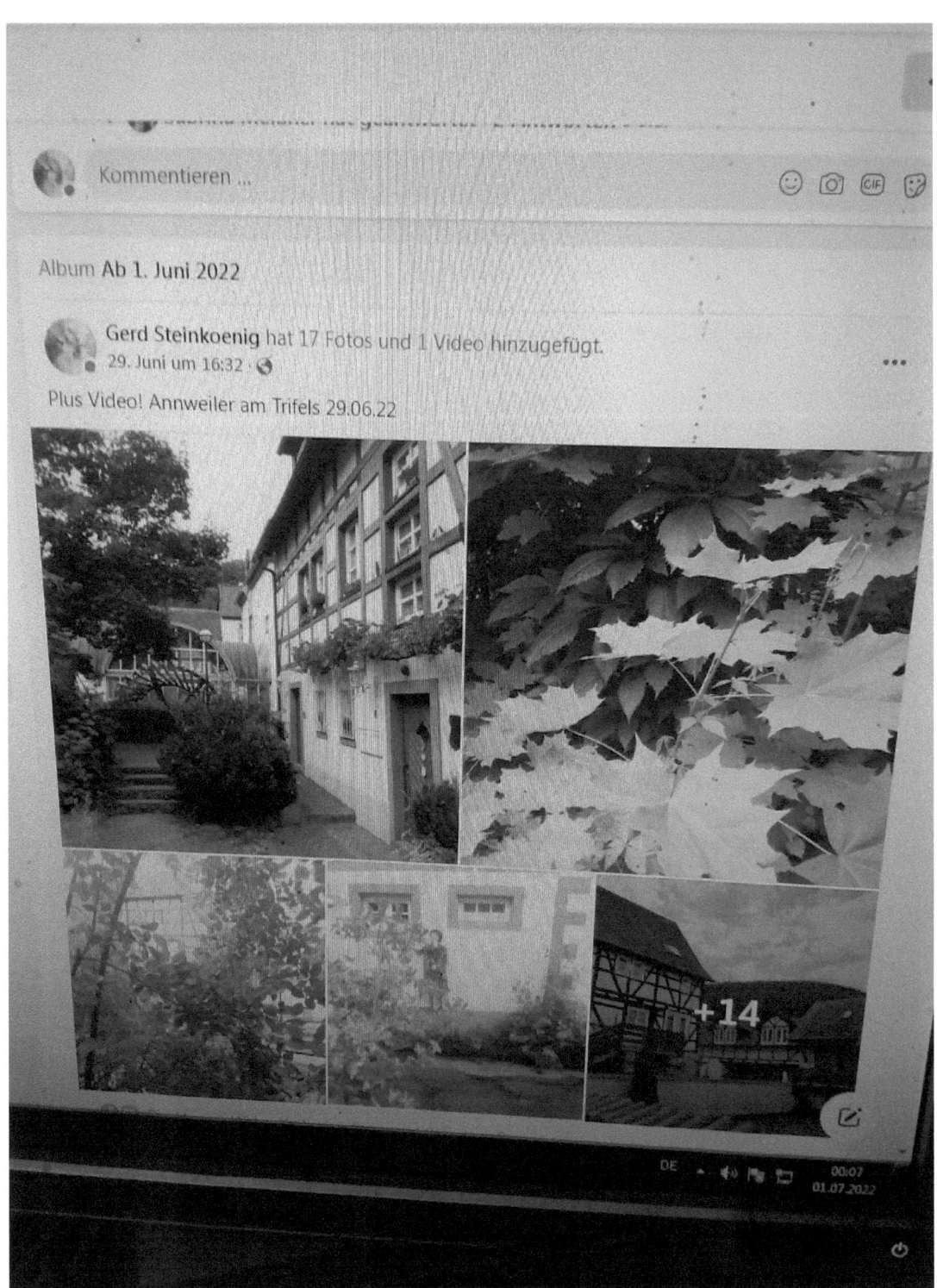

DE   00:07
01.07.2022

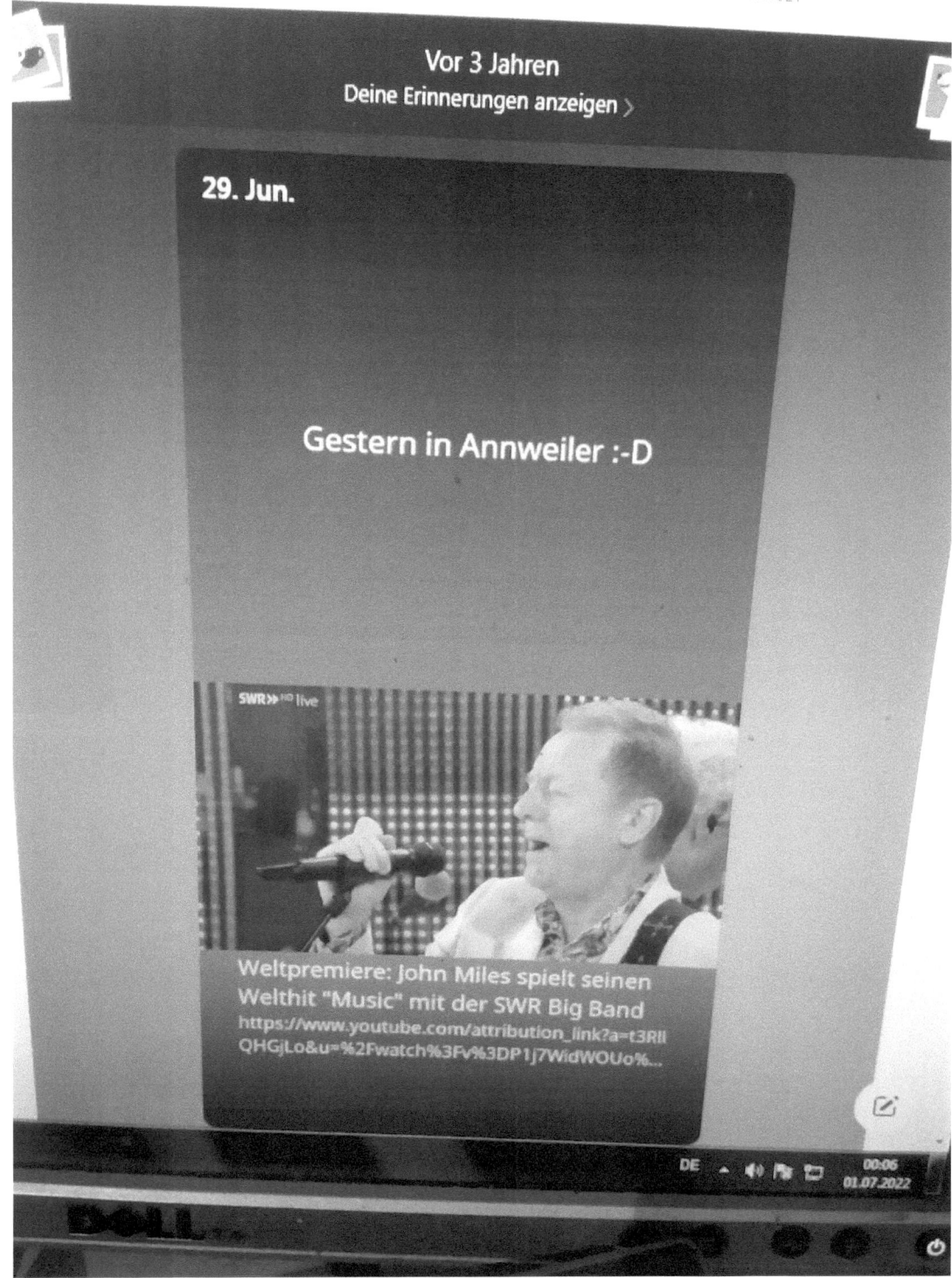

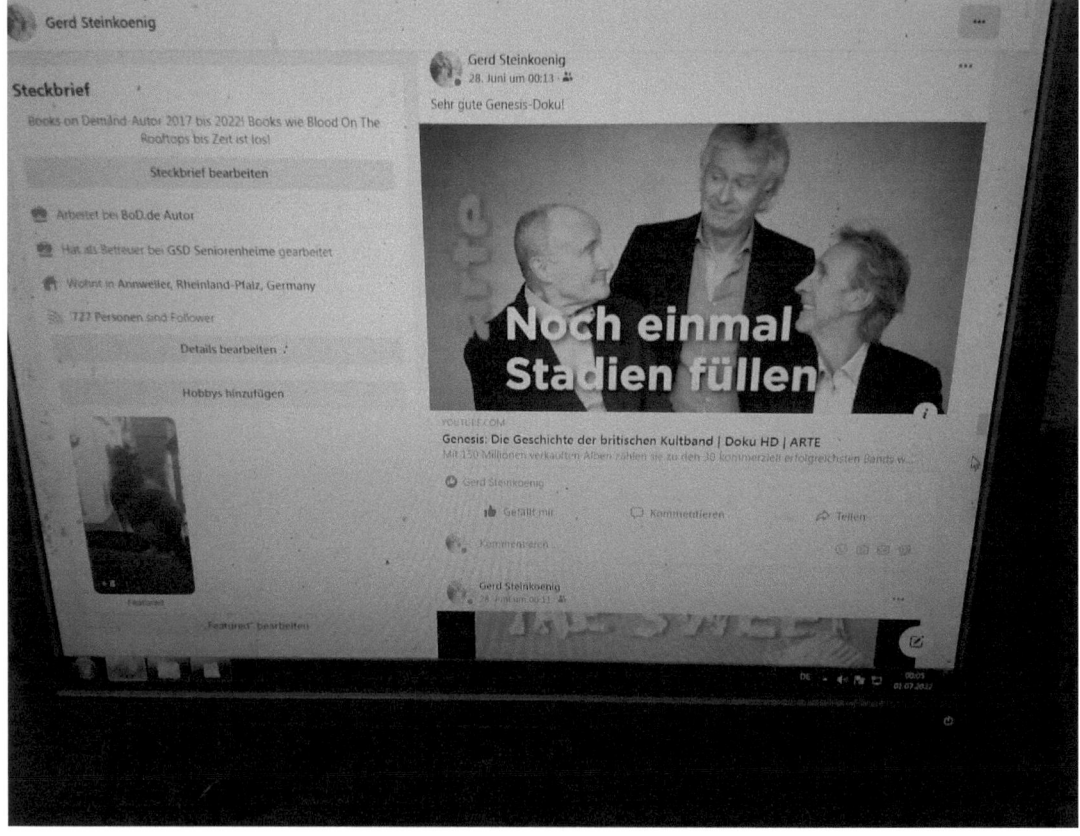

27. Jun.

Maaaaahlzeit!! Und zuuu heißßß!! Und morgen ab 28.06. Rheinland-Pfalz-Tag in Annweiler!!

27. Jun.

1977 war die letzte 3. Rockrevolution! Heute ist nur noch Mainstreamscheiße! Nur noch Musikroboter! 1977 und davor war Rebellentum, Idealismus, Politik - heute nur noch Duckmäusertum! ANARCHY IN GERMANY!!!!

the sex pistols pretty vacant

27. Jun.

Rebellentum!! Punk!! 1977!! Heute nur noch Duckmäusertum... Stell Dir vor, das wäre 2019 im Text! 1977 normaaal...
Sex Pistols - God Save the Queen deutsche Übersetzung
Gott beschütze die Königin ihr faschistisches Regime...

Sex Pistols - God Save The Queen

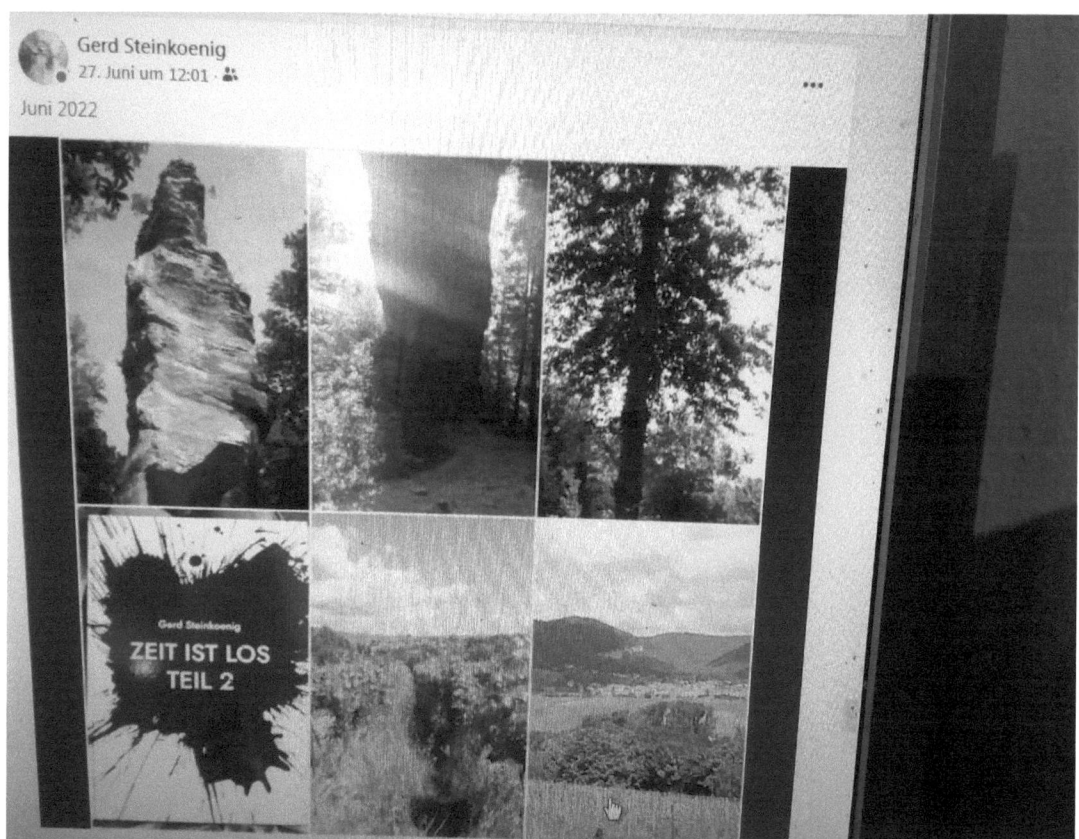

Gerd Steinkoenig
27. Juni um 12:01 ·

Juni 2022

ZEIT IST LOS TEIL 2
Gerd Steinkoenig

41

36 ISBN-BÜCHER UND MEHR VON GERD STEINKOENIG

The Life of Gerd

Beatrice Farber, Michelle Connery

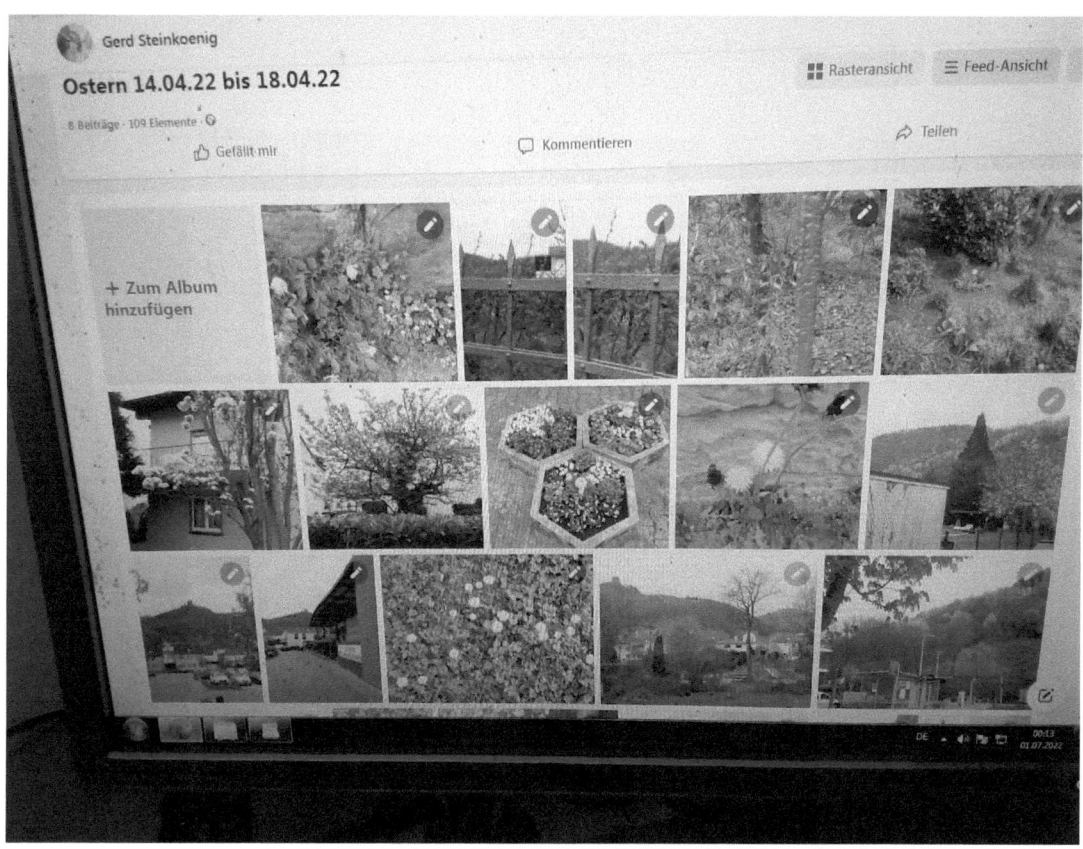

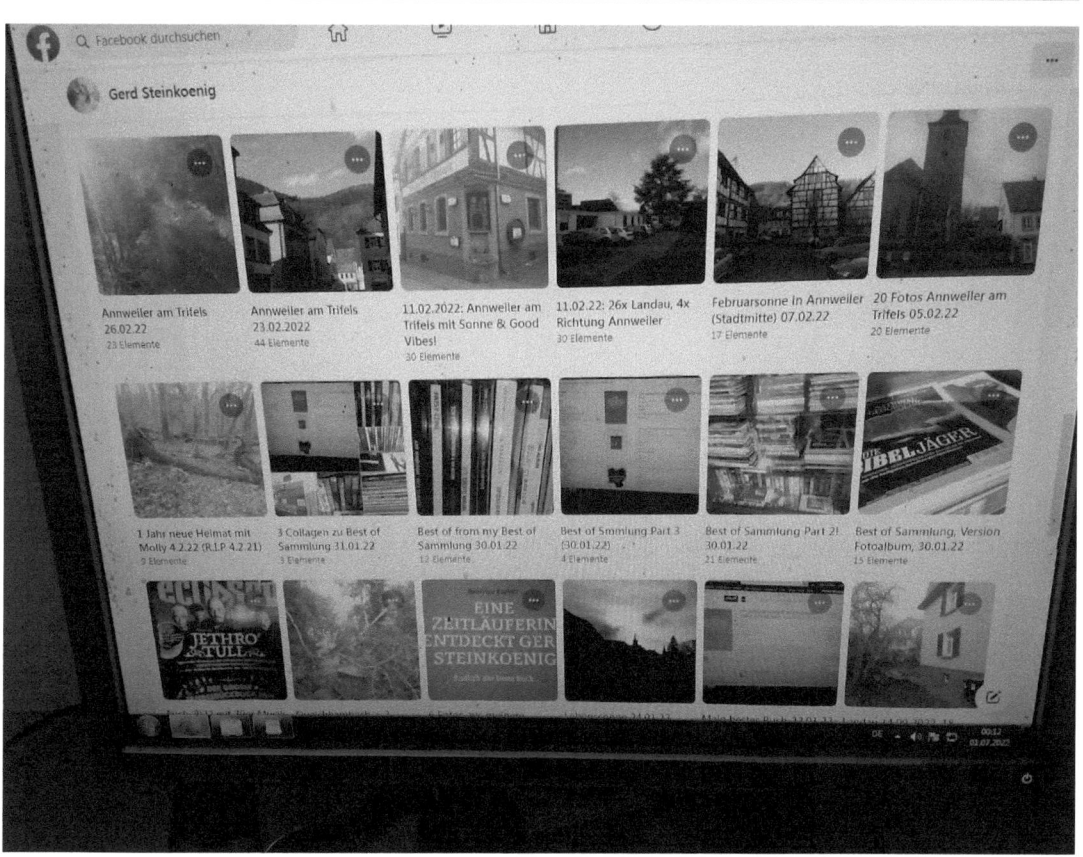

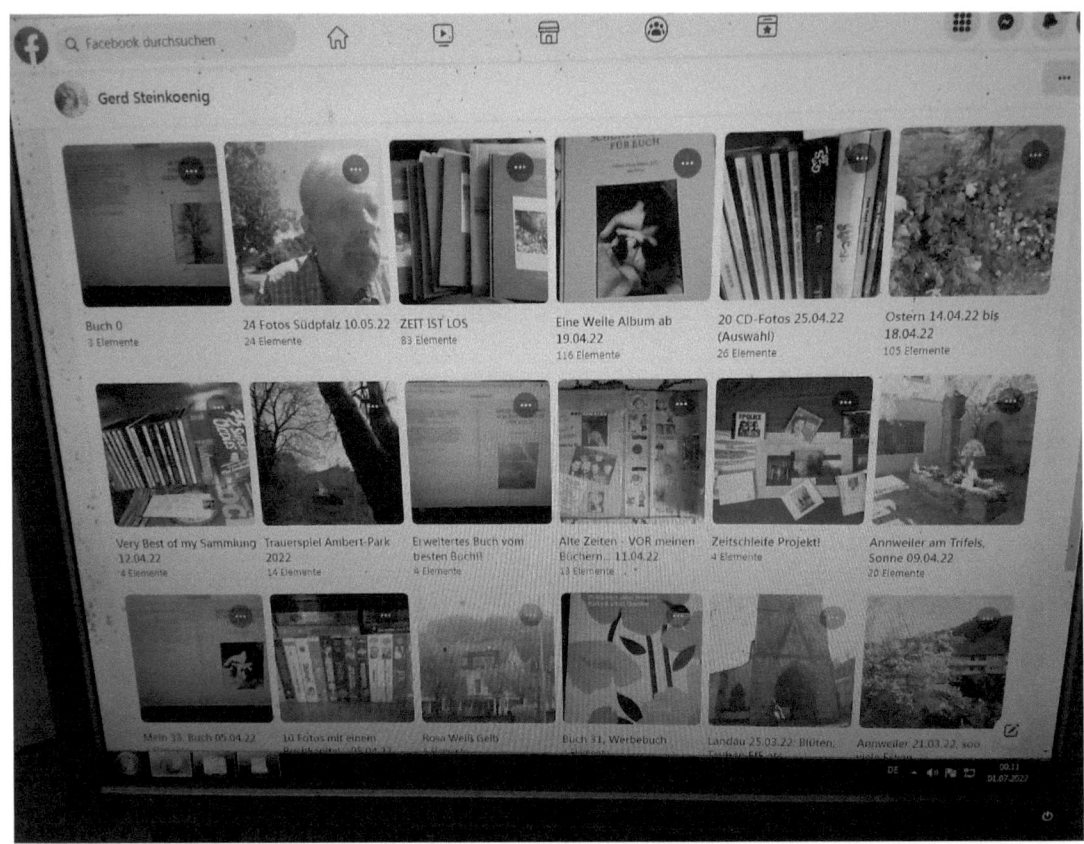

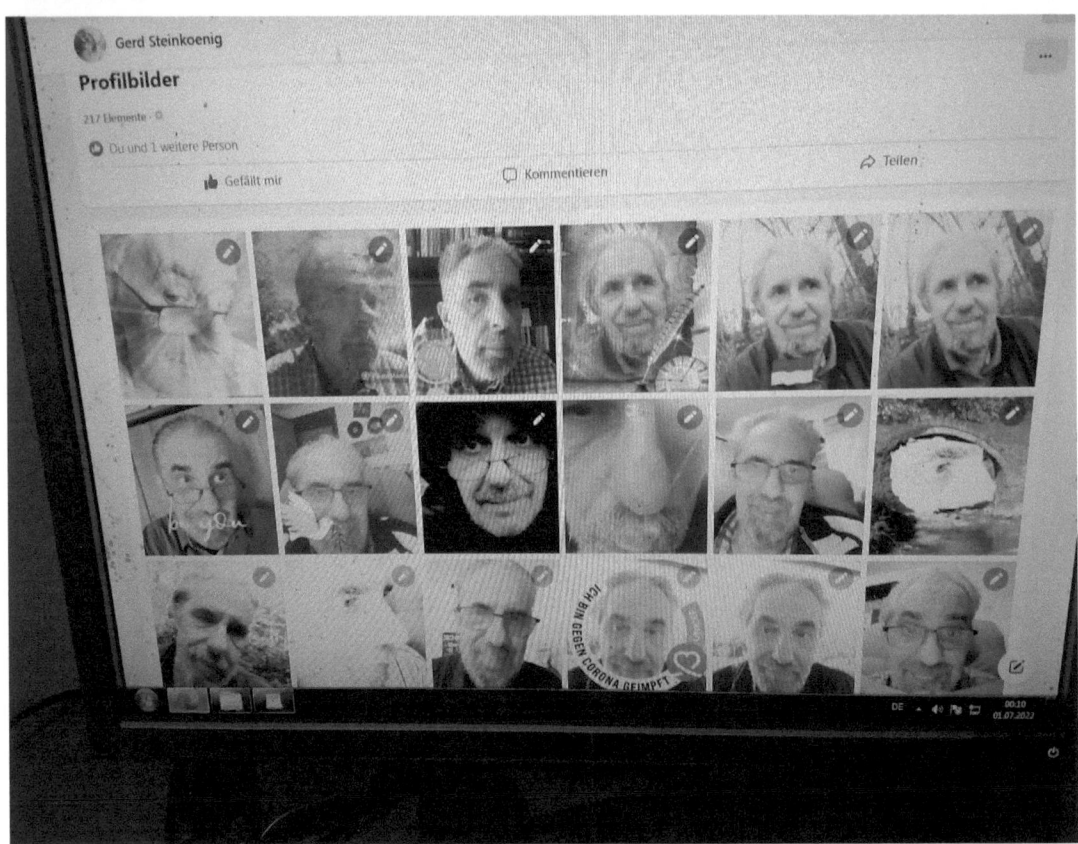

KAPITEL FACEBOOK

facebook

Gefühlte Teil 291 zu facebook... Hatte diverse Versionen, meistens mit Gruppen, Seiten, Hobbies, Freunde etc, von Österreich bis Polen, von Japan bis zu Brasilien, von der Musik bis zu meinen Fotoalben, von meinen Buch-Notizen bis Horizonte von den Freunde-Jobs etc etc.

Diesmal ein facebook-Momentum! Innerhalb ca 24 Stunden: Sea Watch 3 - Kapitänin Carola Rackete wird frei!! Vorher change-Petition - natürlich waren sehr viel mehr, lach... Und es ist halt 2019: "wütend"-Likes... Natürlich noch ein Posting mit Urteilserklärung...

"Ich hasse Besuche"-Posting mit ca 20 Likes! Es ist ein Geheimnis was diese Likes sind. Im Allgemeinen: hab ein geiles Posting gemacht - 0 Likes... Das Besuch-Posting war nebenher, bisschen Witz - dann mit ca 20 Likes und zig Kommentaren... Übrigens: "Neubaugebiet-Häuschen" mit Treppchen - aber ohne Tür, die normale Hauswand...

Gezielt zum facebook: "CaRabA - #LebenohneSchule" ist ein sehr geiler Film. Bisschen Insider-Film mit Kino-Tournee und eine sehr gute Message. Hab die DVD bestellt und hab die vielen Seiten und Freundschaften aus Berlin. Querverweise, Kultur, Film, Schule bzw Nichtschule, ist sehr cool! DURCH FACEBOOK!!

Leider ist von den Analogen nur Hass, Bashing, Nazis etc - haben aber keine Ahnung von facebook, you tube, twitter, Instagram etc. Aber mithalten können und Gesetze machen...

Ja und dann viel Freunde/Freude und Spaß mit Mutter und Tochter, mit 2 schönen Frauen flirten, einfach Spaß und Genuss und Freude! Aber natürlich mit Niveau und Qualität!

Ach ja, was war noch im Momentum? Meine 22 Rheinland-Pfalz-Tag-Fotos (inkl. wochenblattreporter.de), diverse Weisheiten und Politik aktuell, diverse you tube-Videos:

Polizisten (Extrabreit), Böhse Onkelz, Motörhead...

Im nächsten Moment ist es wieder ganz anders, hahaha :-D Immer wieder Erstaunen bei "vor 5 Jahren", "vor 7 Jahren" in der Erinnerungs-Rubrik...

C P 03.07.2019 Gerd Steinkoenig Gerd F Steinkoenig Gerd Gerd

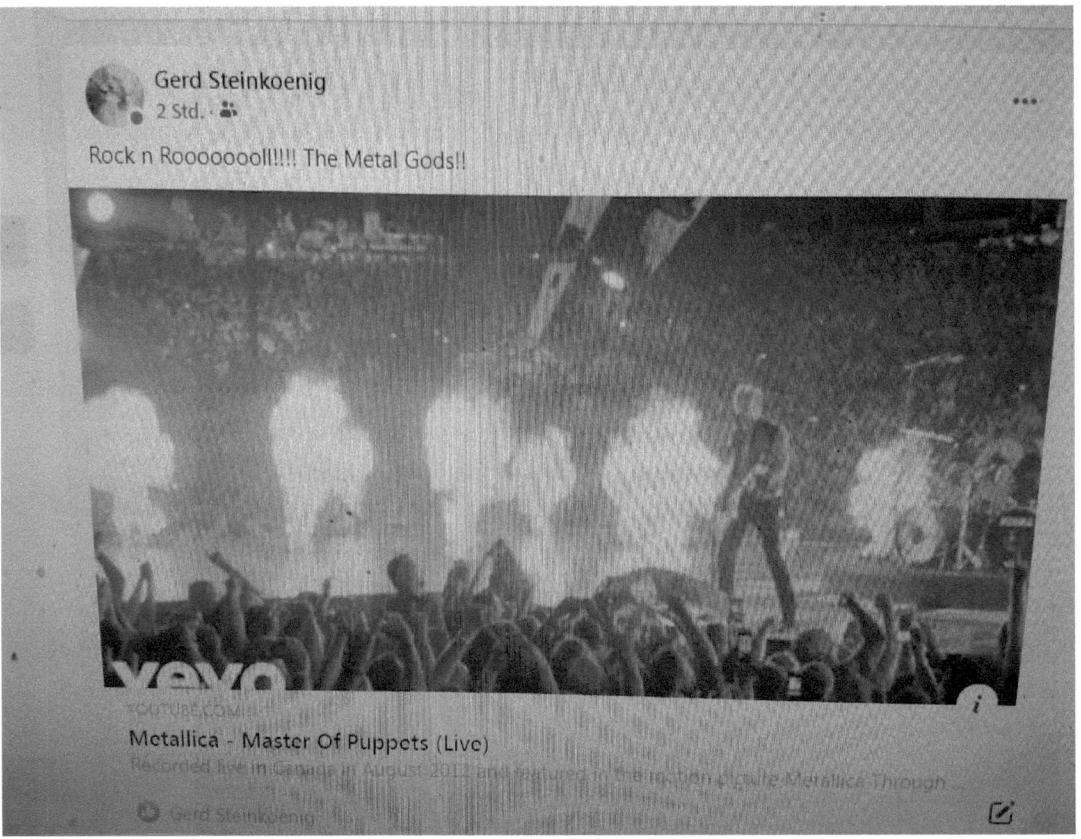

Mh, deshalb gewinnen die Rusxxx, darf ich ja nicht schreiben... 2017 ein Gag, 2022 WW III...

Vor 5 Jahren
Deine Erinnerungen anzeigen >

Gerd Steinkoenig
3. Juli 2017 · 🌐

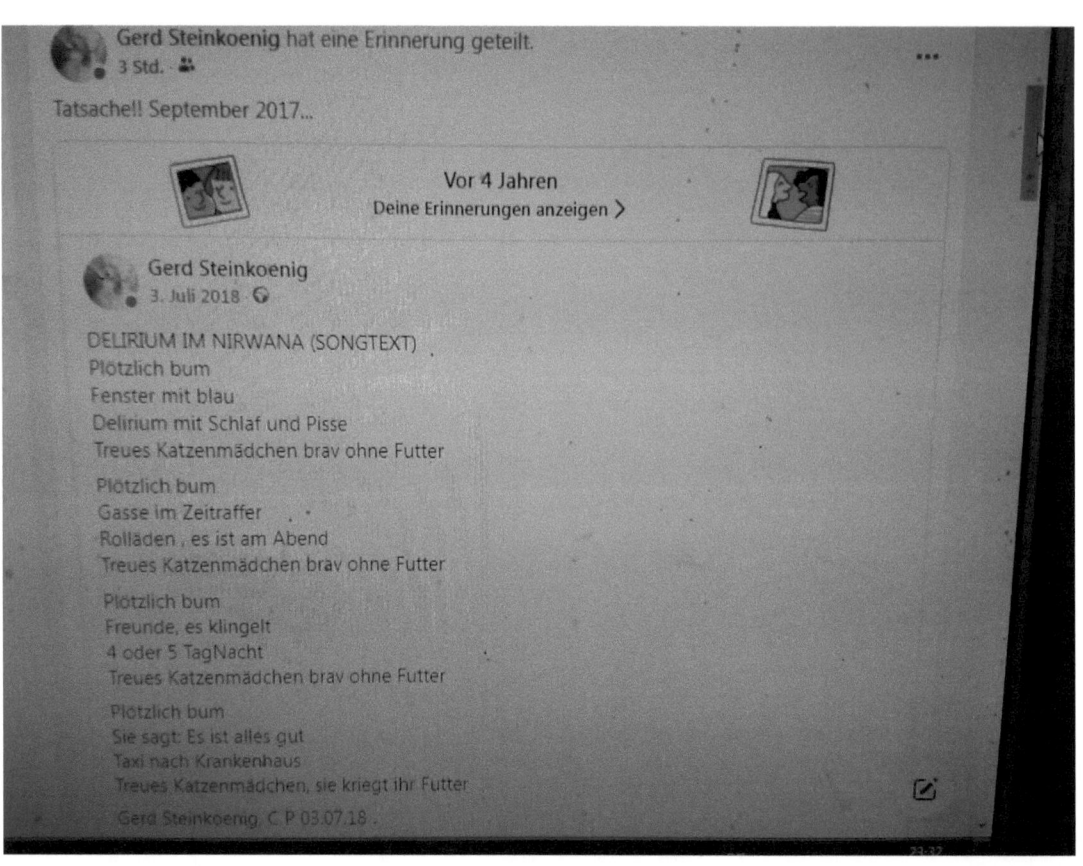

Gerd Steinkoenig hat eine Erinnerung geteilt.
3 Std.

Tatsache!! September 2017...

Vor 4 Jahren
Deine Erinnerungen anzeigen >

Gerd Steinkoenig
3. Juli 2018

DELIRIUM IM NIRWANA (SONGTEXT)
Plötzlich bum
Fenster mit blau
Delirium mit Schlaf und Pisse
Treues Katzenmädchen brav ohne Futter

Plötzlich bum
Gasse im Zeitraffer
Rolläden , es ist am Abend
Treues Katzenmädchen brav ohne Futter

Plötzlich bum
Freunde, es klingelt
4 oder 5 TagNacht
Treues Katzenmädchen brav ohne Futter

Plötzlich bum
Sie sagt: Es ist alles gut
Taxi nach Krankenhaus
Treues Katzenmädchen, sie kriegt ihr Futter

Gerd Steinkoenig, C.P. 03.07.18 .

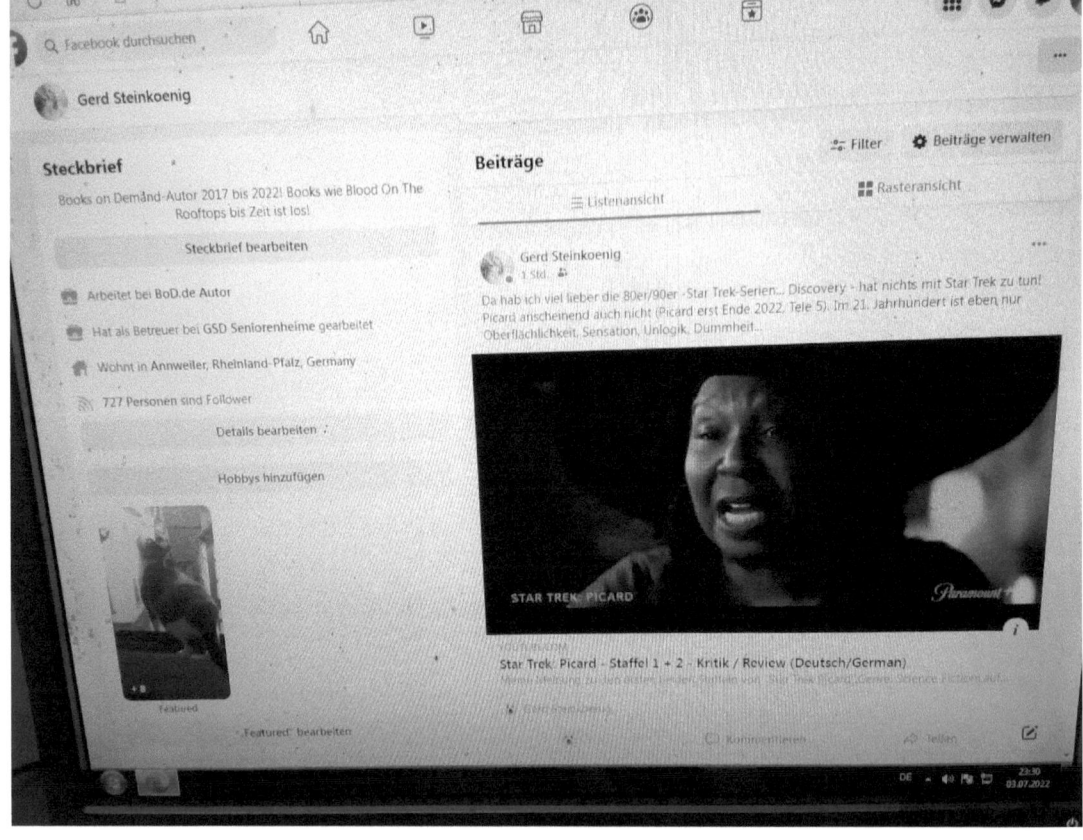

Q Facebook durchsuchen

Gerd Steinkoenig

Steckbrief

Books on Demand-Autor 2017 bis 2022! Books wie Blood On The
Rooftops bis Zeit ist los!

Steckbrief bearbeiten

Arbeitet bei BoD.de Autor

Hat als Betreuer bei GSD Seniorenheime gearbeitet

Wohnt in Annweiler, Rheinland-Pfalz, Germany

727 Personen sind Follower

Details bearbeiten

Hobbys hinzufügen

Featured

"Featured" bearbeiten

Beiträge

Filter   Beiträge verwalten

Listenansicht   Rasteransicht

Gerd Steinkoenig
1 Std.

Da hab ich viel lieber die 80er/90er -Star Trek-Serien... Discovery - hat nichts mit Star Trek zu tun!
Picard anscheinend auch nicht (Picard erst Ende 2022, Tele 5). Im 21. Jahrhundert ist eben nur
Oberflächlichkeit, Sensation, Unlogik, Dummheit.

STAR TREK: PICARD   Paramount

Star Trek: Picard - Staffel 1 + 2 - Kritik / Review (Deutsch/German)

DE   23:30
03.07.2022

Gerd Steinkoenig
2 Std. · 👥

Eines meiner Top 10 Alben aller Zeiten!!!!

YOUTUBE.COM

A Trick of the Tail Genesis Full Remastered Album 1976///+

A Trick of the Tail Genesis Full Remastered Album 1976///+ Format:Vinyl, LP, Album, StereoCou...

49

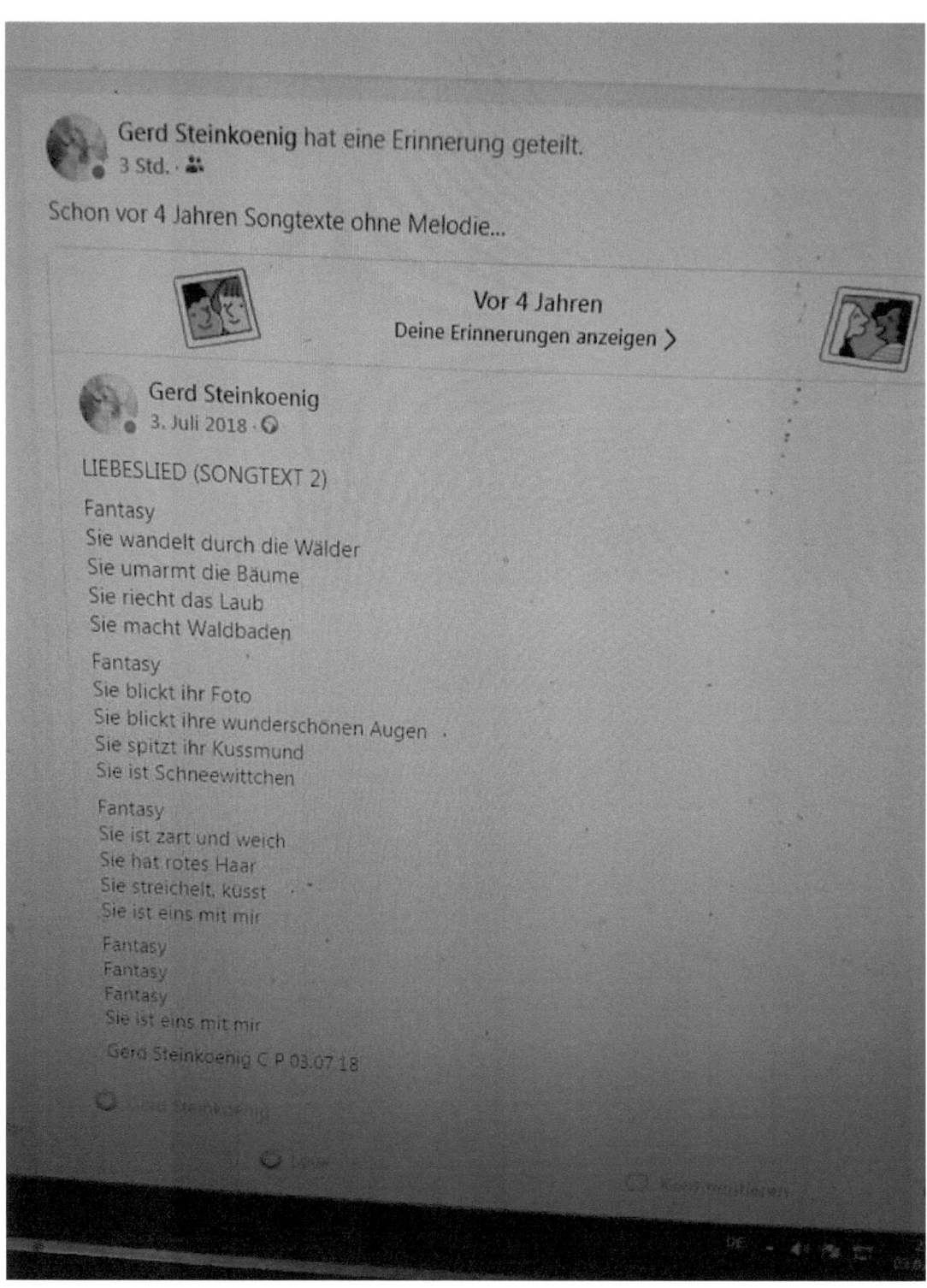

Das Geschriebene aus dem Kapitel "facebook" ist von 2018, 2019 - die ersten 2 Jahre nach dem Schlaganfall... Mal wieder fb-Tagebuch - wie man so drauf war... Dir 3 you tube-Videos ist vom 03.07.2022.

Gerd Steinkoenig

23 Std. ·

Mit Deine Freunde geteilt

FREIHEIT (es gab Freiheit-Songs von Westernhagen, Söhne Mannheims und jetzt mein Songtext - ohne Melodie) C P 4. Juli 2022 Gerd Steinkoenig

Freiheit mit Lebensfreude, Lebenspläne, Lebensneugierde

Freiheit mit Meinungen, Erfahrungen, Anregungen, Kritik

Freiheit mit Idealismus, Horizonte, Kreativitäten

Freiheit mit Experimente, Innovationen, Ideen, Strukturen

Freiheit mit Musik, Literatur, Kultur, Bildung, Sport

Nun haben wir aber das 21. Jahrhundert

Umerziehung durch Woke-Diktatur

Hexenjagd zu bestimmten Menschen

Durch Political Correctness, Staatsmainstream

Ach, es war so schön im Jahre 1969, 1976, 1985, 1991...

CD-TIPPS

Nicht nur mein ewiges Genesis, Pink Floyd, The Beatles... Sondern ein bisschen Geheimtipp, natürlich kennt man Jethro Tull oder Deep Purple, aaber: Shades Of D.P. mit Mark One inkl Help (Cover von den Beatles - ganz anders), und Tull mit Live 1970 - ganz am Anfang! Die ersten Jahren von Progrock-Legende Porcupine Tree, Michelle Young - die Bessere wie Kate Bush, DER Geheimtipp überhaupt: Oasis von Jim Messina, tolle Alben von den Flaming Groovies und der Babylon Berlin-Soundtrack etc etc...

DIE ERMORDUNG MEINER PLATTENSAMMLUNG

Gerd Steinkoenig hat 10 neue Fotos hinzugefügt.

2 Std. ·

10 Fotos aus MINT Juli 2022 (Nr 53, Magazin für Vinyl-Kultur)

Da ist Melancholie: wenn ich Steven Wilson die Platten von ihm schaue - wie ich, mit den Fingern zu den LPs, die Musikbiografie von Kavka inkl Black Celebration von Depeche Mode - wie ich (seht meine Bücher)... Ich hab Zeitreisen mit The Message von 1982 oder Toto mit Africa - und ich hab nur noch Erinnerungen... Denn ich hab keine Platensammlung mehr! Dezember 2017 hab ich meine Plattensammlung ermordet! Stichpunkte: nach meinem Schlaganfall, nature stoned-Instinkte, zu wenig Platz für Vinyl, blöder Spruch von A.W... Ich hab nur noch ein paar Vinylcovers, nur ein paar LPs, nur ein paar Singles. In meiner Hoch-Zeit hatte ich über 700 Vinyl-Alben, seltene LPs... Nun versuche ich meine CDs zu komplettieren... Bei den CDs hab ich z.Z. nix mit Frank Zappa, oder ich versuche Genesis und Pink Floyd zu komplettieren! Mittlerweile hab ich wenigstens meine CDs seit 1985, hab jetzt pi mal Daumen ca 500 CDs (ohne Hefte-CDs). Wie sage ich immer? Ich hab 10 Leben! In den 70ern/80ern war ein Vinyl-LPs-Kauf ein Feiertag! Heute interessiert das kein Mensch - Wegwerfware Musik per Streaming... Die 16jährigen: Hä? Was ist ein Album?? 1976 oder 1988 hatte ich mit Vorsicht mit der Nadel zum schwarzen Gold, das Cover-Kunstwerk begutachtet - heute 2022, eben nur noch Blabla... Gott sei Dank gibt es immer noch Musikliebhaber - seht bei Musikheften wie Rolling Stone, Eclipsed, Musikexpress, Mint etc - mit Musikhistory, Vinyl-Comeback, CD-Boxen bei History-Alben... Vielleicht lebt ja noch die Musik - aber ich hab meine Plattensammlung ermordet!

ASIA
ASIA IN ASIA –
LIVE AT THE BUDOKAN, TOKYO, 1983
BMG • 10.06.

| 2 LPs | 33 rpm | 170 Gramm |

Endlich gibt es eine würdige Veröffentlichung mit dieser kurzlebigen Asia-Besetzung.

Asia waren tatsächlich eine Supergroup. Die vier Gründungsmitglieder – Schlagzeuger Carl Palmer (Atomic Rooster, Emerson, Lake & Palmer), Sänger und Bassist John Wetton (Family, King Crimson), Keyboarder Geoff Downes (Buggles, Yes) und Gitarrist Steve Howe (Yes) – vereinten instrumentales Können und Songwriter-Knowhow für einen massentauglichen Mainstream-Rock, mit griffigen Hooklines zum Mitsingen und ein paar Schmankerln für die Progrock-Fans. Als im Dezember 1983 Wetton ausstieg, suchte die Band dringend einen singenden Bassisten. Palmer holte seinen alten Kumpel Greg Lake an Bord, der sich in kürzester Zeit ins 15-Song-Repertoire für die folgenden Konzerte einarbeitete. So konnten die vier am 6. Dezember in der Budokan Arena in Tokyo tatsächlich die „Heat Of The Moment" entfachen. Den Mitschnitt gab es bislang nur in Japan auf Laserdisc, als VHS-Kassette und als CD über das dänische Label Superior. Nun gibt es die Aufnahmen frisch remastert auf Doppel-Vinyl. Das steckt in einem Gatefold und bietet endlich Höhen und ansatzweise Dynamik. Eine Version für Sammler gibt es als Deluxe Box: Darin stecken die LPs auf gelbes Vinyl gepresst, inklusive zweier Zugaben, Roger-Dean-Artwork, Memorabilia und Buch. Dazu kommen der Auftritt vom Vorabend auf zwei CDs sowie auf Blu-ray mit enormem Qualitätsgewinn zur VHS.
LOTHAR BRANDT

◉ Gatefold
○ Downloadcode
○ inkl. Album auf CD
○ Lyrics
○ Bedruckte Innenhülle
◉ Gefütterte Innenhülle
◉ Beileger/Booklet/
  Poster

kann. Das Cover
Tonkurve, dargest
sich die Auswahl
All Things Must
Willie Johnson
Wainwright III.
DNA dieser Ba
Klischees zu e
Album von 19
Bandjahren g
eine Coverpl
David Bowie
und Gram
Young. Ei
raschung
von The C
Cowboy-
Ein ents
Band ist
es besser
zunehm
sich ge
Das kla
klingt, a
ANDRÉ

ROCK

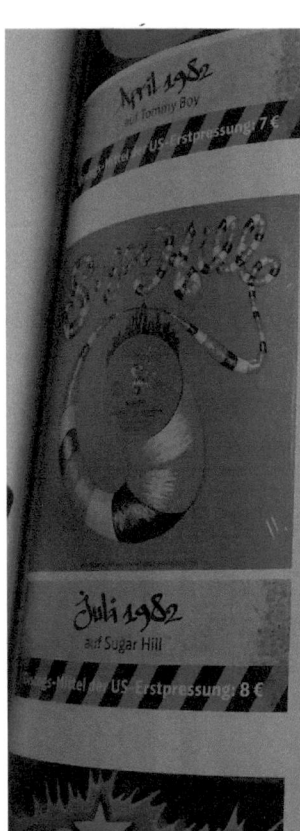

April 1982
auf Tommy Boy
US-Erstpressung: 7 €

sich Kraftwerk und das Label Tommy Boy darauf, dass Kraftwerk pro verkaufter Maxi einen Dollar bekommen. Ein Verlust für Tommy Boy wird der Deal nicht – das Label hebt den Preis einfach um einen Dollar an, es ist die Einführung einer Kraftwerk-steuer. Und die Fans zahlen bereitwillig: *Planet Rock* ist 1982 eine dieser Platten, die jeder besitzen muss, der den Anspruch hat, vorne mit dabei zu sein. ANDRÉ BOSSE

GRANDMASTER FLASH AND THE FURIOUS FIVE
The Message

In frühen Meilensteinen nachträglich schon die folgende Entwicklung des Genres hören zu wollen ist verlockend, aber meistens Quatsch. Im Fall von *The Message* versaut man sich obendrein, was den Song so besonders macht – mitten in seiner Zeit zu stehen. Funky, aber in gemäßigtem Tempo schlagen sich Melle Mel und Gast-Rapper Duke Bootee durch den urbanen Dschungel, geleitet von einem im letzten Licht der Disco glitzernden Synthesizer-Riff. Dort beobachten sie nicht nur Sexismus, Sucht und Aus-weglosigkeit, sie berichten davon als Betroffene, selbst in jedem Refrain verwundert darüber, noch nicht an den Umständen zugrunde gegangen zu sein. Am Ende der in-tensiven sieben Minuten werden die Furious Five verhaftet – einer der wenigen Beiträ-ge der Crew zur Single, die Bootee eigentlich allein schreibt. Sugar-Hill-Mitarbeiterin Sylvia Robinson schlägt Grandmaster Flash And The Furious Five den Song vor, der ei-gentlich innovative DJ zögert aber. Verkraftet sein Party-Publikum so viel Nachdenk-lichkeit? Nachträglich ist man schlauer: Conscious Rap findet mit *The Message* den Weg in die Charts, der Song ist aus der Popkultur nicht wegzudenken und wird ab den späten 80ern immer wieder neu aufgelegt. Vor allem lohnt sich eine Reissue von 1997, die das Instrumental auf der Original-B-Seite um ein A-cappella ergänzt. SEBASTIAN BERLICH

Juli 1982
auf Sugar Hill
US-Erstpressung: 8 €

V.A.

REVOLUTION VOM PLATTENTELLER

Was für den Rock die elektrische Gitarre ist, sind für **HIPHOP** die Plattenspieler. Zwei Decks und ein Mikrofon – mehr brauchen die Pioniere des Rap nicht, um eine Musik zu entwickeln, die wohl mehr als andere Genres die Gesellschaft beeinflusst und seit vielen Jahren die globale Jugendkultur bestimmt. Da passt es gut ins Bild, dass die Geschichte des HipHop in einem Sozialbau in der Bronx beginnt, wo eine Schülerin wohnt, die sich überlegt, wie sie an Geld für neue Klamotten kommen könnte. MINT-Autor ANDRÉ BOSSE erzählt sie.

„Älter zu werden und genug Geld für Platten zu haben, hat auch Nachteile. Heute verbringe ich nicht annähernd so viel Zeit mit einem bestimmten Album, wie ich es als Teenager getan habe." STEVEN WILSON

Markus Kavka über *Black Celebration* von Depeche Mode
Veröffentlicht am 17. März 1986 auf Mute

Ich war so elf oder zwölf Jahre alt, Ende der 70er, als ich anfing, Musik aus dem Radio auf Kassette mitzuschneiden. Das Angebot war damals – zumindest bei Ingolstadt – nicht so groß. Es gab den Bayerischen Rundfunk, da haben allerdings Leute wie Thomas Gottschalk und Günther Jauch moderiert. Die hatten mit *Pop nach acht* eine richtig gute Musiksendung. Die habe ich gehört und dabei viel Neues kennengelernt. Danach ging es schnell los – nach Irrungen und Wirrungen, bei denen ich *Der Nippel* von Mike Krüger und Smokie gut fand: Um 1981/82 merkte, dass mich melancholische Musik mehr berührt als fröhliche und dass mich Synthesizer mehr abholen als Gitarren. Auf diesen Trichter bin ich letztlich gekommen, als *Fade To Grey* von Visage veröffentlicht wurde. Das war die erste Single, die ich mir von meinem Taschengeld gekauft habe.

Anfang der 80er war also der Pfad bereitet für Depeche Mode, die ich zu dem Zeitpunkt noch nicht kannte. Ich habe sie erst durch *Just Can't Get Enough* im Radio kennengelernt. Die Single habe ich mir dann gekauft, aber ich wusste eine Zeitlang nicht, warum, denn ich fand den Song viel zu fröhlich und zu poppig. Die Typen selbst hatten den Anschein einer Teenie-Band oder Boy-Group. Im Video, dass ich damals auf Bayern 3 sah, trug Dave Gahan einen schlechtsitzenden Anzug und sah darin aus wie Günther Jauch, und Martin Gore wirkte wie ein schwuler Biker. Das war nicht das Gelbe vom Ei. Aber ich hatte sie auf dem Schirm und habe mir auch das erste Album *Speak & Spell* gekauft. Ich fand es okay, aber lange nicht so gut wie andere Sachen zu der Zeit, etwa *Closer* von Joy Division oder *Seventeen Seconds* von The Cure.

Beim zweiten Album *A Broken Frame* hat sich Gore dann stärker als Songwriter eingebracht. Da kamen wir der Sache schon näher. Und richtig super wurde es, als 1983 *Construction Time Again* rauskam. Da war dann erstmals Alan Wilder mit dabei – und das hörte man: Sie brachten einen Sampler zum Einsatz und haben viel Zeit in Berlin verbracht. Das war sehr von deutscher Industrial-Musik geprägt, von Bands wie den Einstürzenden Neubauten und so weiter, düster und maschinell. Da bin ich richtig zum Fan geworden. *Some Great Reward* von 1984 fand ich auch super, aber etwas zu flott – und dann kam im März '86 *Black Celebration* heraus. Es war die absolute Erleuchtung, und mir war bewusst, dass in Sachen Depeche Mode jetzt hopp oder top angesagt war: Entweder werden sie noch vor The Cure, Bauhaus und Joy Division meine Lieblingsband – oder nach denen nur meine viertliebste.

Mit *Black Celebration* haben sie es geschafft, sich als die zu etablieren, die sie bis heute für mich sind: die Band, die mich nie enttäuscht hat. Die Band, bei der ich immer das Gefühl habe, dass sie relevant ist. Die ich am häufigsten live gesehen habe und die meine Liebe, die ich für sie empfinde, zu jeder Zeit erwidert hat. Bei *Black Celebration* hat mich sofort dieses Düstere, Atmosphärische gepackt. Es ist kein Album voller Hit-Singles, und ich glaube auch, dass die

Plattenfirma deshalb erst mal die Krise bekam. Als erste Single wurde dann *Stripped* veröffentlicht, also ein Song, der nur bedingt radiotauglich ist – vor allem, wenn man bedenkt, dass sie zuvor mit *People Are People* eine Nummer 1 hatten.

Aber das Album als Gesamtkunstwerk hat dann wohl doch viele Leute davon überzeugt, dass Depeche Mode eine richtig gute Band sind, mit einem richtig guten Songschreiber. Zuvor wurden sie in der Szene bei den Hardcore-Goths nicht ernstgenommen. Ich war ja auch so ein Diplom-Goth mit allem Pipapo, und Depeche Mode waren immer auf dem Prüfstand, ob die nicht eher angewaveter Elektro-Teenie-Pop sind. Auch *Black Celebration* hat mit Goth nicht viel zu tun. Aber für mich – als Goth – ging das vollkommen in Ordnung. Ich zählte die Band ganz offen zu meinen Favoriten und stellte nicht infrage, dass ich mir dieses Album auch als Teil einer Szene anhören kann, in der die Geschmackspolizei ganz strenge Maßstäbe anlegt.

ZUR PERSON

Markus Kavka, Jahrgang 1967, wächst in Manching bei Ingolstadt auf. Noch vor dem Abitur arbeitet er beim Erlangener Radio Downtown und beginnt 1987 ein Studium. Er schreibt für Musikmagazine und Stadtzeitungen, wird nach seiner Magisterarbeit Redakteur beim Metal Hammer. Ende der 90er landet er beim Kölner Musiksender Viva, zieht zu Viva Zwei und wechselt nach dessen Ende zu MTV. Den Staffelstab als kompetenter Musikjournalist vor der Kamera trägt er etwa mit der Sendung *Number One* auf Kabel Eins und ZDF-Kultur weiter. 2008 gewinnt er den Online-Grimme-Award, wird später für den Grimme-Preis nominiert. Kavka ist als DJ aktiv und hat eine Radiosendung bei egoFM. 2011 veröffentlichte er seinen autobiografischen Roman *Rottenegg*, zuletzt erschien sein Buch über Depeche Mode bei Kiepenheuer & Witsch.

TOTO

Das bislang letzte Album, das die AOR-Ikonen veröffentlichten, war mit *With A Little Help From My Friends* ein Livemitschnitt aus ihrer Heimatstadt Los Angeles von 2020. Wer die Band um Gründungsmitglied und Gitarrist Steve Lukather und Sänger Joseph Williams endlich mal wieder selbst live erleben will, hat im Juli auf der „Dogz Of Oz"-Tour gleich sechs Mal die Gelegenheit. Laut Lukather soll es einen breiten Mix aus dem Toto-Katalog geben, der Evergreens wie *Rosanna, Africa, Hold The Line, Child's Anthem* oder *Georgy Porgy* enthält, ebenso wie Songs der 2021 veröffentlichten Soloplatten von Lukather (*I Found The Sun Again*) und Williams (*Denizen Tenant*).

14.07. Bonn Kunst!rasen | **16.07. Halle (Saale)** Peißnitzinsel
17.07. Ulm Münsterplatz | **20.07. Tüssling** Schlossplatz
27.07. Hamburg Stadtpark Freilichtbühne
28.07. Schwetzingen Schlossgarten

PLATTENBÖRSEN

Termine von Juni bis Juli

DEUTSCHLAND

26.06. Münster Music Hall Jovel | **23.07. Freiburg** Ganter Hausbiergarten

NIEDERLANDE

20.07. Hoorn Stadtzentrum

Bitte informiert euch im Vorfeld, ob die Veranstaltung auch tatsächlich stattfindet.

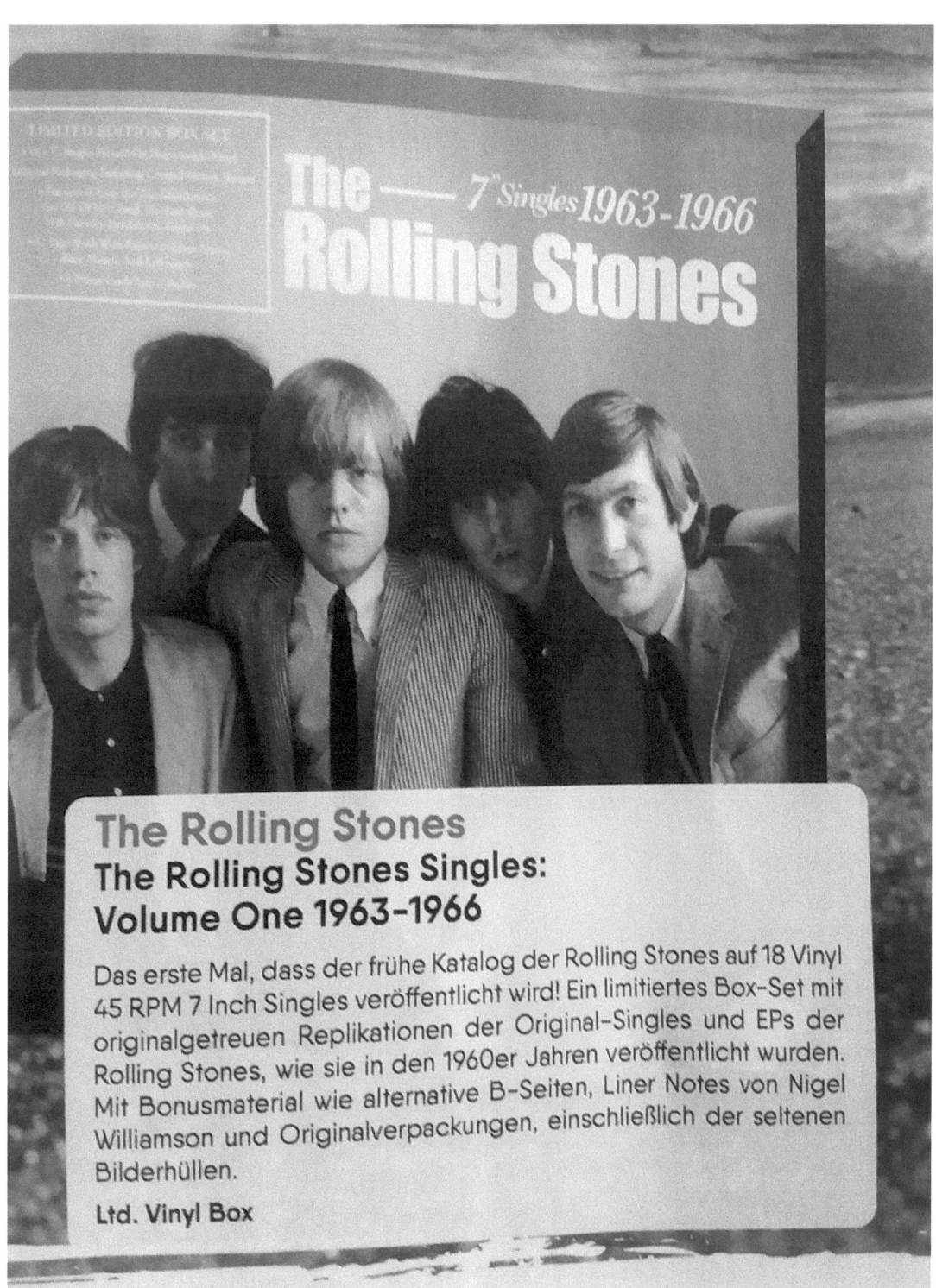

The Rolling Stones
The Rolling Stones Singles:
Volume One 1963–1966

Das erste Mal, dass der frühe Katalog der Rolling Stones auf 18 Vinyl 45 RPM 7 Inch Singles veröffentlicht wird! Ein limitiertes Box-Set mit originalgetreuen Replikationen der Original-Singles und EPs der Rolling Stones, wie sie in den 1960er Jahren veröffentlicht wurden. Mit Bonusmaterial wie alternative B-Seiten, Liner Notes von Nigel Williamson und Originalverpackungen, einschließlich der seltenen Bilderhüllen.

Ltd. Vinyl Box

MINT Vinyl-Charts

Unser Ranking wird in Kooperation mit
180 unabhängigen Plattenläden erstellt.
Händlerübersicht: *mintmag.de/haendler*

01) **The Black Keys**
Dropout Boogie

02) **Moderat**
More D4ta

03) **Liam Gallagher**
Down By The River Thames

04) **Trixsi**
*...And You Will Know Us By
The Grateful Dead*

05) **Melody Gardot & Philippe Powell**
Entre Eux Deux

06) **John Mellencamp**
Strictly A One-Eyed Jack

07) **Cave In**
Heavy Pendulum

08) **Westernhagen**
Das eine Leben

09) **John Coltrane & Johnny Hartman**
John Coltrane & Johnny Hartman

10) **Ronnie Foster**
Two-Headed Freap

11) **Def Leppard**
Diamond Star Halos

R DES ARTS *Die John*
RPOL *The Other Side*
BRIAN JACKSON
MANTAR *Pain Is Fore-*
Blade) • **ORBITAL**
E TRAMP *Stand Your*
ssor Bop Presents :
ge Vol. 6 (10-Inch)
Through The Floa-

Anniversary Edition)
Billy Nomates (Inva-
ion (Blue Note) •
nny (Blue Note) •
ohasch, RE) •
Shoot Straight And
LLA FITZGERALD
ouis *(Acoustic*
AN ASTRONAUT
lm) • **PAVEMENT**
) (Matador) •
nic Fire, DE, FV) •
dful Of Rain (Ear
– *Rare Finnish*
(Svart)

HUNGEN

rley & The Chineke!
NIÑO AND
ational Anthem) •
eale (BMG, FV) •
orks (Bureau B) •

Essential Listening

Zum Jubiläum gibt es das legendäre RUSH-Album *Moving Pictures* in sechs Versionen. Hier im Fokus steht die Variante, die sich dem Essentiellen verschreibt: der Musik zwischen Gestern und Heute.

Wieder dialogisiert mit facebook:

Cy Kö

Ich habe mich gewundert, wieso so viele vor dieser Polizeiwache posen… Also ich auch… Danach gegoogelt: Die historische Davidwache im Stadtteil St. Pauli ist das wohl berühmteste Polizeikommissariat Hamburgs – und bekannt aus Spielfilmen und TV-Serien.

Fotobeschreibung

Gerd Steinkoenig

Das weiß doch echt jeder von den Filmen!! Schon in den 50er und 60er Jahren… Auch heute noch… The Beatles waren IN der Davidswache…

Antworten40 Min.Bearbeitet

Cy

Gerd Steinkoenig ganz ehrlich, ich schau wenig Fernsehen. The Beatles das ist ja interessant!

Antworten38 Min.

Gerd Steinkoenig

Cy The Beatles waren aus Liverpool (Cavern Club) nach Hamburg und waren u.a. im Starclub in Hamburg (siehe auch da Wikipedia, lach). War so ca 1960-1962. Dann gingen sie nach Liverpool zurück und starteten die Nr 1 Weltkarriere aller Zeiten... Ach so: dadurch waren sie mal tatsächlich in der Davidswache, war ja immer nachts bis früh...

Antworten35 Min.Bearbeitet

Cy

Gerd Steinkoenig ja da schau her. Wieder was gelernt. Mit Hamburg hätte ich die Pilzköpfe nicht in Verbindung gebracht.

Antworten30 Min.

Gerd Steinkoenig

Star Club Hamburg

Keine Fotobeschreibung verfügbar.

Antworten29 Min.

Gerd Steinkoenig

The Beatles (im Deutschen auch Die Beatles) war eine aus Liverpool stammende britische Beat-, Rock- und Pop-Band in den 1960er Jahren. Mit mehr als 600 Millionen[1] – nach Schätzungen ihrer Plattenfirma EMI sogar mehr als einer Milliarde[2] – verkauften Tonträgern ist sie die erfolgreichste Band der Musikgeschichte.

Die musikalischen Ursprünge der Gruppe liegen im Rock 'n' Roll der ausgehenden 1950er Jahre, in den Stilelemente der Liverpooler Beatmusik einflossen. Ihre erste Single Love Me Do erschien 1962. Den weltweiten Durchbruch schafften die Beatles 1963 mit der Single I Want to Hold Your Hand. Aufgrund ihres damals neuartigen Musikstils und ihres öffentlichen Auftretens entwickelten sie sich schnell zu einer der populärsten Bands und wurden zu einer starken schöpferischen Kraft der modernen Popkultur.

Den Höhepunkt ihrer Karriere erreichte die Band zwischen 1964 und 1969, als sie zeitweise in fast allen Ländern die Hitparaden anführte. 1970 trennten sich die Wege der Bandmitglieder John Lennon, Paul McCartney, George Harrison und Ringo Starr aufgrund interner Spannungen. Die Musiker verfolgten danach erfolgreich eigene Musikprojekte.

Die meisten Stücke der Band stammen von den Songwriting-Partnern Lennon und McCartney. George Harrison ist 22 Mal als Songwriter vertreten, Ringo Starr zwei Mal.

Antworten26 Min.

Cy

Gerd Steinkoenig ja das wiederum ist mir schon bekannt.

Antworten24 Min.

Gerd Steinkoenig

Cy War nur ein Tipp .-D Als Einstiegstipp: das "blaue" Album 1967-1970, da ist die Kunstphase von den Beatles

Antworten4 Min.

Verfasse eine Antwort ...

Kommentieren ...

Cy

Favoriten · 7 Std. ·

Heute Otto Walkes, Trump und paar weitere Prominente in Hamburg getroffen... ok waren nur die Wachsfiguren, aber trotzdem schön.

Live For Films

Gestern um 14:33 ·

Yul Brynner, Charles Bronson, James Coburn, Steve McQueen and Robert Vaughn taking a break from working on The Magnificent Seven - 1960

#yulbrynner #charlesbronson #stevemcqueen #robertvaughn #film #movie #western #behindthescenes #actor #legends #themagnificentseven

Bei facebook ist alles... Urplötzlich ein Foto von Hollywood-Legenden Live for Films) wie mein Held Steve McQueen... Und ein geiler Film war das auch!

Gerd Steinkoenig und BILD...

2 Std. ·

Mit Deine Freunde geteilt

#bild #bildzeitung   #Springer Seit Jahrzehnten ist Gehirnwäsche, Grünen-Bashing, SPD-Bashing... Heute am 06.07.22: ohne warmes Wasser... Die 19jährige kann ihr Kind nicht waschen. Für mich ist das - nach WesterwelleZitat - Dekadenz! Natürlich brauchen wir warmes Wasser, aber heute sind nur Rechte, ohne Pflichten und eben Dekadenz! In den 60ern/70er-Jahren hab ich auch gelebt: 1972 bei einem Ferienlager hatte ich in einer Berghütte kaltes Wasser zum Duschen - draußen mit einem Schlauch... Und gleich laut Bildzeitung Energieschock, Angstmache, Deutschland stürzt ab - natürlich wegen den Grünen und der SPD und Scholz... CDU/CSU sind natürlich die Größten, Merz ist der Größte, bla bla... Aus Alibi ist Merkel nun die Verräterin (nun ist sie ja nicht mehr da) - 16 Jahre war laut Bild die Mutti, die Institution von Merkel - war ja schließlich die CDU... Scholz kann sagen was er will, laut Bild hat er keine Chance... Und seit Jahren: Dekadenz wegen 3 oder 4 x am Jahr in Urlaub laut den Bild-Headlinern... Ich bin stark, die Bildzeitung kann labern was sie will. Aber die einfachen RentnerInnen glauben das auch noch - Gehirnwäsche, wenn die LeserInnen das jeden Tag lesen: jeden Tag CDU/CSU gut, SPD/Grüne bäh... Es ist ein Witz, das unter dem Bild-Label steht: unabhängig, überparteilich... Hahahahahahaha!! Die Bildzeitung ist nur noch Der Stürmer aus dem 3. Reich, Bild Live TV ist nur noch Fox News! Ich hoffe, ich kann noch leben in Deutschland, weil ich gegen die Meinungsdiktatur Bildzeitung geschrieben habe! Make Love - Not War!

GEILE CATS-JOKES... So typisch aus den Verhaltensweisen für die Katzen... Automatisch Erinnerungen an moi Katzemäädsche (2005 - 2021).

THE CAT GOD

HANNAH HILLAM

3 FOTOS VON ANNWEILER AM TRIFELS VOM 5. JULI 2022

Gerd Steinkoenig ist hier: Stadt Annweiler am Trifels.

Gestern um 14:40 · Annweiler am Trifels ·

Mit Deine Freunde geteilt

Meine Annweiler-Idylle mit Sommergeräusche, Dorfgeräusche, so schöne Blüten und
Sträucher und Pflanzen überall, z.B. an den Bürgersteigecken. Heute, am 5. Juli 2022 in
Annweiler, dieses Video. War ein bisschen "blind" durch die Sonne beim Filmen, hab aber
trotzdem einige schöne Schmetterlinge

Video natürlich nicht dabei - aber 3 tolle Fotos!

LIGHT MY FIRE!!

Far Out Magazine

3. Juli um 18:12 ·

Remembering The Lizard King, Jim Morrison, he died on this day in 1971

Und wieder facebook-History... He Died On THIS day...

Old School Music

2 Tage ·

Happy 82nd birthday to Richard Starkey, (Ringo Starr,) born 7 July 1940, drums, vocals,
Rory Storm, and The Beatles. He sang lead vocals on one track on most Beatles albums, The
Beatles scored 21 US No.1 & 17 UK No.1 singles. Starr had the solo 1974 US No.1 & UK No.4
single 'You're Sixteen' plus 9 other US Top 40 hits. Ringo Starr and his All-Starr Band have
made many tours and has featured; Joe Walsh, Howard Jones, Ian Hunter, Peter Frampton,
Todd Rundgren, Edgar Winter Greg Lake along with other guests.

Da waren noch viel mehr! Madonna war auch boch dabei! Und Led Zeppelin!

Genesis Three Discs Live 1980 - 1981 (STUNNING COMPILATION)

01 Deep In The Motherlode (Theatre Royal, Drury Lane, London 5/5/80)

02 The Lamb Lies Down on Broadway (Frankfurt, Germany 10/30/81)

03 Dancing With The Moonlit Knight excerpt (Lyceum Ballroom, London, England 5/7/80)

04 Carpet Crawlers (Lyceum Ballroom, London, England 5/7/80)

05 Squonk (Lyceum Ballroom, London, England 5/7/80)

06 Introductory dialogue (Lyceum Ballroom, London, England 5/6/80)

07 One For The Vine (Theatre Royal, Drury Lane, London 5/5/80)

intro to Dodo: Riverfront Stadium, Cincinatti 11/21/81

08 Dodo (Birmingham NEC, London 11/23/81)

09 Lurker (Birmingham NEC, London 11/23/81)

10 Abacab (Birmingham NEC, London 11/23/81)

11 The Story of Albert (Lyceum Ballroom, London 5/6/80 and 5/7/80)

12 Behind The Lines (Nassau Coliseum, Uniondale, NY 11/29/81 except the first 15 seconds which are from Frankfurt, Germany 10/30/81. The crowd that applauds over the start of the song at Nassau was too large to to match the rest of the album, so we used a different intro and added our own crowd of a more consistent size)

13 Duchess (Nassau Coliseum, Uniondale, NY 11/29/81, except the end section which is from Montreal, QUE 6/19/80 to facilitate the segue into Guide Vocal)

14 Guide Vocal (Montreal, QUE 6/19/80)

15 Turn It On Again (Nassau Coliseum, Uniondale, NY 11/29/81)

16 Duke's Travels (Lyceum Ballroom, London 5/7/80)

17 Duke's End (Lyceum Ballroom, London 5/7/80)

18 The story of Sarah Jane (Frankfurt, Germany 10/30/81)*

19 Me & Sarah Jane (Birmingham NEC, London 11/23/81)

20 The story of Sydney (Lyceum Ballroom, London, ENG 5/6/80 & 5/7/80)

21 Say It's Alright Joe (Lyceum Ballroom, London, England 5/7/80)

22 Intro to Lady (Lyceum Ballroom, London, England 5/6/80)

23 The Lady Lies (Lyceum Ballroom, London, England 5/6/80)

24 Audience requests and smoke machines (Lyceum Ballroom, London, England 5/6/80)

25 Ripples (Lyceum Ballroom, London, England 5/6/80)

26 intro to Misunderstanding (Riverfront Stadium, Cincinatti 11/21/81)

27 Misunderstanding (Savoy Theater, NYC 11/28/81)

28 No Reply At All (Savoy Theater, NYC 11/28/81)

29 The story of Cindy Lou (Riverfront Stadium, Cincinatti 11/21/81)

30 Firth of Fifth (Nassau Coliseum, Uniondale, NY 11/29/81)

31 The story of the old man (Riverfront Stadium, Cincinatti 11/21/81)

32 Man on The Corner (Savoy Theater, NYC 11/28/81 except the ending which is from Frankfurt, Germany 10/30/81 because all releases of the Nassau one fade out)

33 Whodunnit (Frankfurt, Germany 10/30/81)

34 Band intros/intro to Cage (Lyceum Ballroom, London, England 5/6/80 and 5/7/80 and Frankfurt, Germany 10/30/81)

35 Medley: In The Cage/The Cinema Show/Riding the Scree/The Cinema

Show/The Colony of Slippermen (Birmingham NEC, London 11/23/81)

36 Afterglow (Birmingham NEC, London 11/281)

37 Follow You Follow Me (Lyceum Ballroom, London 5/6/80)

segue between Follow You and Dance from Lyceum Ballroom, London, 5/7/80

38 Dance On A Volcano (Nassau Coliseum, Uniondale, NY 11/29/81)

39 Drum Duet (Nassau Coliseum, Uniondale, NY 11/29/81)

40 Los Endos (Nassau Coliseum, Uniondale, NY 11/29/81)

41 I Know What I Like (Lyceum Ballroom, London, England 5/7/80)

42 The Knife (Lyceum Ballroom, London, England 5/7/80)

SYD BARRETT - DER ERSTE PINK FLOYD BOSS!

David Gilmour the Legend

1 Tage ·

July 7, 2006, He dies   at the age of 60 in Cambridge, United Kingdom, real name   . He was the leader, singer, guitarist and songwriter for the English band   on their first successful album The Piper at the Gates of Dawn (1967). Three years after the founding of Pink Floyd, Barrett left the band and attempted a brief solo career that resulted in two albums, after which he retired, secluding himself in his mother's house ever since. Pink Floyd survived their loss, but Barrett's mental illness had a profound effect on the lyrics of their new frontmen, Roger Waters, and Barrett's guitar replacement David Gilmour, scoring their biggest hits under his baton (Dark Side of the Moon, Wish You Were Here, Animals and The Wall) with songs often inspired by the disintegration of their former leader.

He is considered a key figure in the development of Rock in the 1970s, being a clear influence on artists such as David Bowie and Marc Bolan. During her years as a soloist and living in the house of his friends, Syd Barrett composed 2 albums with the help of David Gilmour as his guitarist.

HEIMAT: ANNWEILER AM TRIFELS, LANDAU!!

Gerd Steinkoenig hat 14 neue Fotos hinzugefügt.
22 Std. ·

Die aufstrebende Metropole Landau in der Pfalz 08.07.22

BrTNMX8Ln_v3W5YAIqls7dCRrHLLpSnjJWZs1yQoy4

+10

DE ▲ ◀) 🗔 🗔   11:54
09.07.2022

Gerd Steinkoenig
15 Std. ·

Mein Best of-Buch...

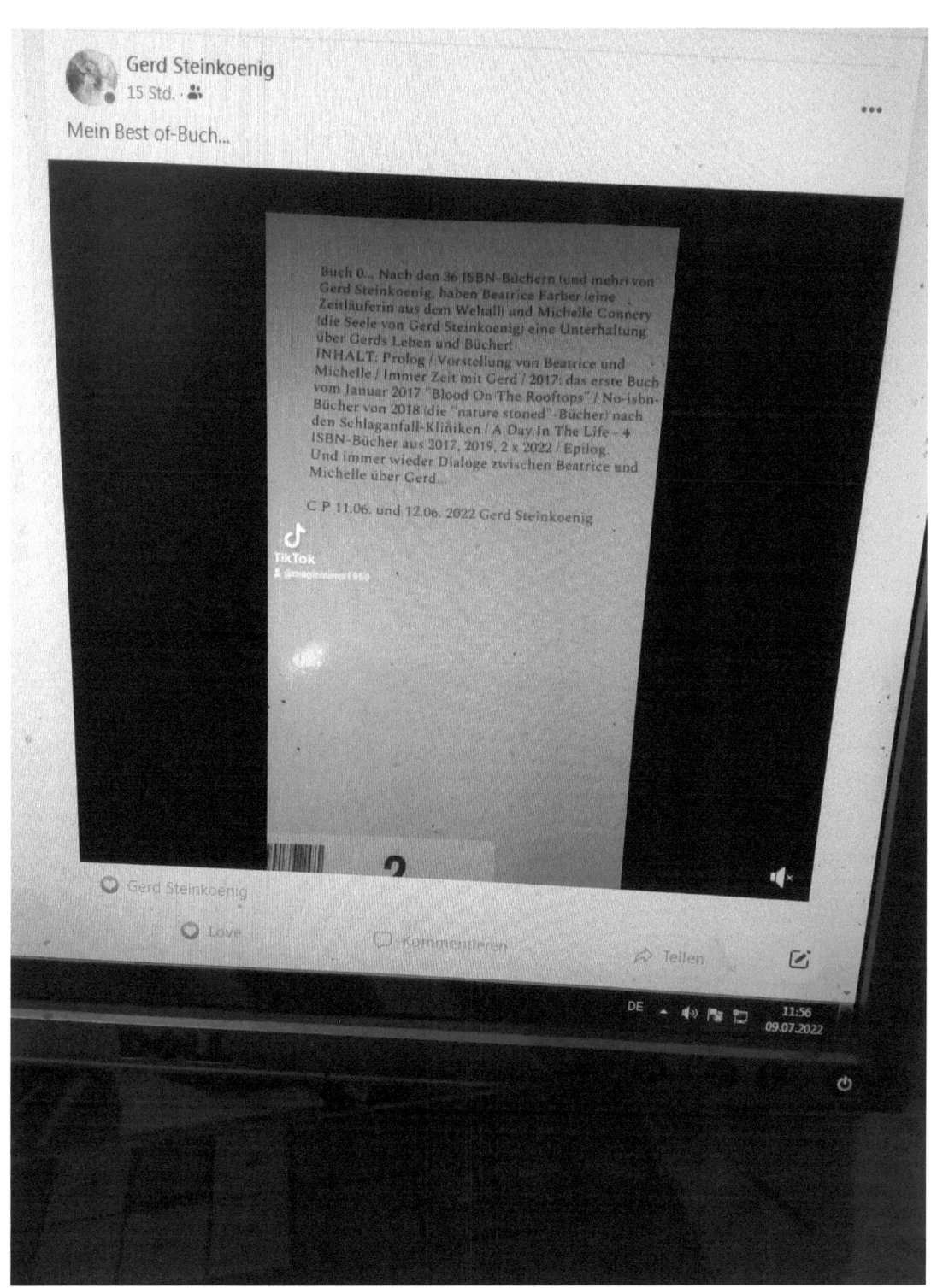

Buch 0... Nach den 36 ISBN-Büchern (und mehr) von
Gerd Steinkoenig, haben Beatrice Farber (eine
Zeitläuferin aus dem Weltall) und Michelle Connery
(die Seele von Gerd Steinkoenig) eine Unterhaltung
über Gerds Leben und Bücher!
INHALT: Prolog / Vorstellung von Beatrice und
Michelle / Immer Zeit mit Gerd / 2017: das erste Buch
vom Januar 2017 "Blood On The Rooftops" / No-isbn-
Bücher von 2018 (die "nature stoned"-Bücher) nach
den Schlaganfall-Kliniken / A Day In The Life – 4
ISBN-Bücher aus 2017, 2019, 2 x 2022 / Epilog.
Und immer wieder Dialoge zwischen Beatrice und
Michelle über Gerd...

C P 11.06. und 12.06. 2022 Gerd Steinkoenig

TikTok
@magisteiner1960

Gerd Steinkoenig

Love   Kommentieren   Teilen

DE   11:56
09.07.2022

89

Gerd Steinkoenig

2 Min. ·

Mit Deine Freunde geteilt

FEELINGS...

Freudiges Lachen von einer Betreuerinassistentin

Angesicht zu Angesicht

Aber für was? Nur ein Job? Nur Motivation für mich?

FEELINGS...

Ein Tipp von einem Betreuerassistent

Eine Wohnung in Landau! In ca 6 Monaten

Bin ich nur ein Klient? Eine Nummer? Egal wohin?

FEELINGS...

Ich liebe diese Betreuerinassistentin - natürlich iss da nix

Ich liebe mein Annweiler - meine Leute, mein Lieblingsbaum

Ich liebe Landau - eine Stadt mit Natur, History, Idylle

FEELINGS...

#melodiesuche #songtext C P Gerd Steinkoenig 09.07.2022